Ginoulhiac. (C.)

Des recueils de droit romain

dans la Gaule

sous la domination des Barbares

Paris 1856

F

DES RECUEILS

DE DROIT ROMAIN DANS LA GAULE

SOUS LA DOMINATION DES BARBARES

PAR M. C. GINOULHIAC,

Chargé du cours d'histoire du droit à la Faculté de Toulouse.

PARIS

AUGUSTE DURAND, LIBRAIRE, RUE DES GRÈS, 7.

1856

(Extrait de la *Revue historique de droit français et étranger,*
numéro de novembre-décembre 1856.)

Typographie HENNUYER, rue du Boulevard, 7. Batignolles.
(Boulevard extérieur de Paris.

DES RECUEILS

DE DROIT ROMAIN DANS LA GAULE,

SOUS LA DOMINATION DES BARBARES.

Après la chute de l'empire d'Occident et l'établissement de royaumes germaniques dans cet empire, les Romains continuèrent à être régis par leur ancien droit[1]; mais, pour être en harmonie avec l'état de choses nouveau créé par ce double événement, pour être approprié à la situation présente et aux besoins des Romains, ce droit dut être soumis à un travail complet de révision et de simplification. Sans doute l'ancien droit romain avait été déjà profondément modifié par les constitutions impériales, surtout depuis Constantin; il avait même été simplifié par la fameuse loi de Valentinien III, et codifié. Mais cette réforme progressive et partielle, qui était en rapport avec les circonstances au milieu desquelles elle avait été accomplie, n'était plus possible, et si elle avait été possible elle n'eût pas suffi.

L'empire d'Occident tombé, la source principale, l'unique source même de la législation, sinon du droit, à cette époque, était tarie. Les constitutions impériales avaient fini avec l'empire, et les Romains, quoique soumis à la domination de fait de ceux qu'ils appelaient les maîtres des choses (*rerum domini*[2]), n'étaient

---

[1] C'est un fait qui n'a plus besoin d'être établi, après les beaux travaux de M. de Savigny. Les citations que nous ferons de l'*Histoire du droit romain au moyen âge* sont empruntées à la deuxième édition allemande, dont les quatre derniers volumes ont été publiés à Heidelberg en 1850 et 1851, avec des additions de M. Merkel.

[2] V. *Lex Romana Wisigothorum, Cod. Theod.*, lib. XI, tit. III; *Interpr.*; lib. XII, 1, 4, *Interpr.*; *Nov. Valent.*, tit. III, *Interpr.*: « Lex ista præcipit, « ut si quis ad principem convolaverit asserens de casu homicidium perpe- « trasse, non voluntarie à se homicidium commissum, et si per supplica- « tionem à *rerum dominis* veniam potuerit impetrare... » V. éd. Hænel, p. 222, 236, 276. — Le Papien, dans le texte publié par Mai, porte aussi *ad præceptionem Dn. reres*, pour *rerum*.

pas disposés à reconnaître l'autorité législative des rois barbares qui seuls auraient pu continuer l'œuvre des empereurs romains.

La continuation de cette œuvre de réforme, eût-elle été possible d'ailleurs, ne suffisait plus dans l'état actuel des Romains. Tant qu'avec l'empire romain d'Occident, l'image de Rome et de sa suprématie s'était conservée, on avait pu et dû respecter ce qui restait de son ancien droit, ce qui représentait les divers éléments dont il s'était successivement formé, se contentant d'ajouter aux anciens éléments un élément nouveau. C'est ainsi que, même après la constitution de Valentinien et la promulgation du Code de Théodose le Jeune et des novelles post-théodosiennes, on trouve dans les sources du droit trois éléments bien distincts, chacun d'eux avec ses principes et ses institutions : le droit civil, avec ses principes fondamentaux sur l'organisation de la famille, la propriété quiritaire et ses modes de transmission, les sources des obligations ; le droit prétorien, avec ses possessions de biens, ses exceptions et ses fictions ; le droit impérial, avec ses règles nouvelles sur l'organisation de la famille, sur les donations et les testaments, sur les successions *ab intestat*, sur les obligations, sur les prescriptions : ces trois éléments ou plutôt ces trois droits juxtaposés, se complétant, se corrigeant l'un l'autre, et formant l'ensemble du droit en vigueur au moment de la chute de l'empire d'Occident.

Mais cet empire tombé au pouvoir des barbares, partagé entre eux, tout lien avec Rome était désormais rompu ; le droit romain était fini pour les Romains. Tout entiers aux nécessités du présent, ils n'avaient plus qu'à séparer dans ce droit la partie vivante, qui pouvait être encore appliquée, de la partie morte qui, n'existant plus que dans la théorie ou dans les souvenirs, était pour eux inutile. Par cette séparation, qui était d'ailleurs déjà faite en partie dans la pratique, ils mettaient leur législation en harmonie avec leur état présent, avec les besoins du moment. A quoi bon, en effet, pour les Romains d'alors conserver la triple distinction du droit, puisqu'il ne s'agissait plus que de consacrer sous une forme nouvelle ce qui, quelle que fût son origine, était seul applicable ? A quoi bon conserver encore ces vieilles institutions abrogées ou tombées en désuétude, telles que la tutelle des femmes et la *manus*? A quoi bon maintenir la distinction des diverses espèces de propriétés et de biens, du *domi-*

nium ex jure Quiritium et du *dominium in bonis*, des fonds italiques et des fonds provinciaux, des choses *mancipi* et *nec mancipi*, des modes d'acquérir du droit civil et des modes d'acquérir du droit des gens, lorsqu'il n'existait plus, lorsqu'il ne pouvait plus exister qu'une seule espèce de propriété, qu'une même espèce de choses, sous la domination des barbares? A quoi bon laisser subsister cette autre distinction des testaments et des successions, d'après l'ancien droit civil, d'après le droit prétorien, d'après le droit impérial, distinctions non-seulement inutiles, mais embarrassantes et même dangereuses dans la situation présente des Romains et dans l'état de la science du droit à cette époque? Il ne s'agissait plus seulement de réviser quelques parties de la législation ; il fallait les réviser et les refondre toutes pour en faire un droit, moins romain sans doute, mais plus applicable, plus pratique.

Tout rendait nécessaire et devait même faire désirer aux Romains cette révision, cette simplification de leur droit.

Quoique dans la plupart des nouveaux Etats germaniques les barbares eussent respecté les institutions des Romains, aussi bien que leur droit, cependant, dans plusieurs de ces Etats, les fonctionnaires germains avaient hérité d'une partie des attributions des anciens magistrats romains. Ainsi, les comtes goths et burgundes exerçaient une certaine autorité judiciaire sur les Romains. Chez les Wisigoths, par exemple, quoiqu'on eût conservé le magistrat romain, le *defensor civitatis*, et la juridiction de la curie, c'était devant le comte goth, qui avait remplacé le *rector provinciæ*, qu'étaient portées les causes importantes et l'appel de celles qui avaient été jugées par les juges inférieurs[1]. Chez

---

[1] Dans le texte suivant se trouvent réglées la compétence du *defensor* et celle du *rector provinciæ*, ou du comte goth : « Quoties de parvis crimini- « bus, id est, unius servi fuga, aut sublati jumenti, aut modicæ terræ, seu « demus invasæ, vel certi facti, id est detenti aut præventi, sub criminis « nomine actio fortassè processerit, ad mediocres judices qui publicam dis- « ciplinam observant, id est, aut defensores aut assertores pacis, vindictam « ejus rei decernimus pertinere. Ad rectorem verò provinciæ illud nego- « tium criminale perveniat, ubi de personarum inscriptione agitur, vel « major causa est, quæ non nisi ab ordinario judice, recitatà legis sententià, « debeat terminari. » *Lex Romana Wisig.*, lib. II, 1, l. 8, *Interpr.*, Hænel, p. 33 et 34. Dans tout ce titre, le *rector provinciæ* est représenté comme étant le *judex ordinarius*, et le *rector provinciæ* ne peut être que le comte

les Ostrogoths [1], la connaissance des causes entre les Goths et les Romains était attribuée au comte goth, assisté d'un Romain, et chez les Bourguignons il en était de même [2]. Les Germains, étant ainsi associés à l'exercice de la juridiction civile ou criminelle sur les Romains, devaient appliquer le droit romain ; mais pour qu'ils pussent en faire l'application il fallait le leur rendre accessible, et il ne pouvait le devenir qu'en étant simplifié.

Enfin, les Romains devaient désirer que cette révision de leur droit, faite par eux et pour eux, en dehors de toute influence étrangère, eût lieu néanmoins sous l'autorité des rois barbares. Par là, en effet, ce droit recevait une consécration officielle qui avait dû lui manquer jusqu'alors, sa force légale ne reposant guère que sur la tolérance de leurs dominateurs [3]. Aussi, cette mesure, toute favorable aux Romains, était-elle considérée comme ayant pour eux une très-grande importance, qu'elle émanât spontanément des rois barbares ou qu'elle leur fût arrachée comme une concession.

Ces circonstances et la situation des Romains étant à peu près partout les mêmes, le même besoin de révision, de simplification de leur droit se fit partout sentir et produisit, à peu près vers la même époque, des recueils nouveaux de droit romain, dans la plupart des royaumes germaniques fondés dans l'empire d'Occident ; recueils dans lesquels les sources du droit romain alors en vigueur furent révisées en tout ou en partie et appropriées à l'état et aux besoins des Romains.

Cette révision des mêmes sources du droit (les écrits des juris-

goth. V. M. de Savigny, B. I, S. 303, § 90. — En ce qui concerne l'appel, il résulte de textes nombreux qu'il fut maintenu dans le royaume des Wisigoths. V. *Lex Romana, Cod. Theod.*, lib. II, 1, l. 6, qui porte : « Nisi forsitan contra sententiam, quæ adversùs eum dicta fuerit, crediderit appellandum, ut apud majoris dignitatis judices audiatur. » Hænel, p. 32, et *eod.*, lib. XI, tit. VIII-XII, et *Pauli Sent.*, lib. V, tit. XXXIV-XXXIX. — V. aussi M. de Savigny, *ubi sup.*, § 91. note *g*.

[2] V. Cassiodore, *Variarum*, VII, 3, et M. de Savigny, B. I, S. 336, § 101.

[3] C'est ce qui résulte de ce passage de la deuxième préface de la loi des Bourguignons : « Et ne forte per absentiam deputatorum judicum negotia differantur, nullam causam, absente altero judice, vel Romanus comes, vel Burgundio judicare præsumat. » V. sur cette prétendue deuxième préface, et sur l'organisation judiciaire des Romains en Bourgogne, *infrà*, p. 560, et § 5.

[3] V. *infrà* l'édit de Sigismond de 517.

consultes conservés par Valentinien III, les Codes grégorien et hermogénien, le Code théodosien, les novelles suite et supplément de ce Code) ne fut pas faite partout de la même manière. Ainsi, chez les Wisigoths, le droit romain fut révisé dans toutes ses parties, lois et droit, et l'on fit un véritable Code pour les Romains, en dehors duquel aucune disposition légale ne put être invoquée. Chez les Ostrogoths et les Burgundes, au contraire, on se contenta de réviser le droit romain, dans les parties qui fournissaient matière aux contestations ordinaires et qui, étant les plus usuelles, étaient aussi les plus importantes, au point de vue de la pratique, et l'on en composa des recueils, des espèces de manuels à l'usage des juges, laissant en dehors de la réforme les autres parties du droit romain, et par suite ne leur accordant pas une autorité nouvelle, mais ne leur retirant pas celle dont elles jouissaient déjà.

Avec un caractère différent, ces recueils eurent aussi une forme différente : dans l'un on respecta les divisions des sources, on reproduisit textuellement les parties qui devaient en être conservées, en les faisant suivre d'une sorte de commentaire pour en expliquer le sens, se contentant de remanier quelque ouvrage de droit ; dans les autres on ne conserva que le fond des dispositions du droit romain sans conserver la forme, c'est-à-dire ni les divisions des anciens recueils ou traités de lois ou de droit, ni même les textes, en indiquant, comme le Papien, ou en n'indiquant pas même, comme l'édit de Théodoric, les sources auxquelles ces dispositions avaient été puisées.

On comprend qu'avec des différences aussi considérables ces recueils n'aient pas tous la même importance, au moins au point de vue de la conservation des sources du droit romain. Sous ce rapport, la loi romaine des Wisigoths qui embrasse toutes les sources, et qui en les reproduisant a conservé une grande partie de leurs textes, l'emporte sur tous les autres ; mais ces derniers, le Papien surtout, ne doivent pas être négligés, car ils ont conservé souvent des parties (constitutions ou fragments de traités), retranchées du Bréviaire d'Alaric. D'ailleurs, à un autre point de vue, ces recueils ont tous pour nous une très-grande importance, en ce qu'ils nous font connaître le droit en vigueur à l'époque et dans les lieux où ils furent composés ; ils nous révèlent, non pas le droit romain proprement dit, mais le droit des

Romains de l'empire d'Occident ; droit nécessairement semblable en bien des points, mais différent aussi en plusieurs dans les divers Etats germaniques.

La ressemblance, le fonds commun qu'on trouve dans tous ces recueils s'expliquent aisément. Les rédacteurs de chacun d'eux travaillaient sur les mêmes sources, et ils les révisaient sous l'influence des mêmes causes, pour les approprier à une situation qui était à peu près partout la même. Dans cette révision, il ne s'agissait pas tant d'ailleurs d'innover que de consacrer les résultats fournis par la pratique qui, en appliquant, en interprétant certaines parties du droit romain, les avait maintenues en vigueur sous une certaine forme, tandis qu'elle avait laissé les autres tomber en désuétude. Or, ces résultats devaient être peu différents dans les diverses provinces de l'empire d'Occident ; et c'est ainsi que dans tous nos recueils furent maintenues la puissance paternelle, avec les restrictions apportées à cette puissance par les constitutions des empereurs chrétiens, la tradition, la préférence des agnats aux cognats, la plainte d'inofficiosité, et furent étendus les droits des mères, tandis que dans aucun d'eux ne furent maintenues ces vieilles institutions dont faisaient pourtant mention les écrits des jurisconsultes ou même des constitutions impériales, telles que la *manus*[1] et la tutelle des femmes[2], ou les modes de transmission de la propriété de droit civil, *mancipatio, cessio in jure, usucapio*, ni même la distinction des enfants héritiers siens et des enfants émancipés pour les successions *ab intestat*, ni les diverses possessions de biens..... Nous nous bornons à ces indications, que nous pourrions multiplier et sur lesquelles nous aurons d'ailleurs l'occasion de revenir ; elles suffisent à prouver la ressemblance qui existe pour le fond du droit en bien des points, entre tous les recueils de cette époque, ressemblance qui ne doit pas être attribuée à des emprunts

---

[1] Les fragments du Vatican la mentionnent encore, § 115. Mais cela ne prouve pas, comme on l'a fait remarquer, qu'à cette époque elle existât encore dans la pratique. V. Puchta, *Institutionen*, B. III, § 163.

[2] Un rescrit de Dioclétien et Constance (de 293) parle de cette tutelle comme étant encore en vigueur, et aucun acte législatif que nous possédions ne l'a expressément abolie ; mais la constitution de Valentinien (de 390), qui permet aux mères d'être tutrices, suppose que cette tutelle avait été déjà abrogée ou était tombée en désuétude. V. *Vat. Frag.*, 325 et l. 4, *Cod. Theod.*, III, 17, et Puchta, *Institutionen*, B. III, s. 220, n. q.

faits par les rédacteurs d'un de ces recueils à un autre, et qui n'est due qu'à l'influence des mêmes causes.

On peut expliquer de la même manière, c'est-à-dire par l'uniformité de la pratique en certaines parties et non par des emprunts, les rapports qui existent entre ces recueils dans les expressions mêmes employées par leurs rédacteurs. C'est ainsi que les a expliqués M. Hænel dans son beau travail sur la loi romaine des Wisigoths[1].

Ces rapports de ressemblance ne sont pas tels d'ailleurs qu'il faille considérer la loi romaine des Wisigoths, l'édit de Théodoric, ou le Papien comme reproduisant de tous points le même droit. Outre les différences que nous avons déjà signalées dans le caractère et dans la disposition de chacun d'eux, il en est d'autres importantes à indiquer dans la forme et même dans le fond du droit. Pour la forme nous nous bornerons à citer un exemple. Dans les trois recueils de droit romain, on admet le divorce pour causes déterminées et ces causes sont les mêmes, puisque les rédacteurs avaient à interpréter la constitution de Constantin[2]. Cette constitution admet trois causes de répudiation en faveur de la femme contre le mari, *si homicidam*, vel *medicamentarium*, vel *sepulcrorum dissolutorem, maritum suum esse probaverit*, et trois en faveur du mari contre la femme, *si mœcham*, vel *medicamentariam*, vel *conciliatricem repudiare voluerit*.

L'interprétation[3] de cette constitution dans la loi romaine des Wisigoths n'admet également la répudiation que pour des causes graves, *nisi*, porte-t-elle, à l'égard de la femme qui peut répudier son mari, *eum aut homicidam, aut maleficum, aut sepulcri violatorem esse docuerit*, et pour le mari qui veut répudier sa femme, *nisi fortasse aut adulteram, aut maleficam, aut conciliatricem eam*

---

[1] V. *Lex Romana Wisigothorum*, préf., c. IV, p. 91 et s. En expliquant des ressemblances que nous indiquerons bientôt, entre le Bréviaire d'Alaric, l'édit de Théodoric et le Papien, M. Hænel conclut qu'il n'y a pas emprunt fait par un recueil à un autre, et il ajoute : « Ex quo apparet, obsolevisse « verba illa legis apud Gothos atque Burgundiones et commutata esse cum « aliis, quæ legibus judiciisque communia et vulgari atque populari usui « accommodata essent... » P. 93.

[2] V. *Cod. Theod.*, III, 16, Const. 1, *De repudiis*.

[3] V. cette interprétation dans la *Lex Romana Wisigothorum, Cod. Theod.*, III, 16, éd. Hænel.

probare sufficiat. — L'édit de Théodoric[1] interprète notre texte de la manière suivante : « Causæ autem istæ debent esse di- « vortii, si maritus aut *homicida,* aut *maleficus,* aut *sepulcrorum* « *violator* ab uxore in examine fuerit approbatus, maritus quoque « his criminibus convictam marito dimittat uxorem, si *adulte-* « *ram,* si *maleficam,* vel etiam quam vulgus appellat aggagulam « in judicio potuerit adprobare. » — Voici maintenant l'expli- cation des mêmes expressions d'après le Papien[2] : « Nisi aut « *adulteram* esse convincat, aut *veneficam,* aut *conciliatricem,* » dit-il, en intervertissant l'ordre du texte et parlant d'abord des causes de répudiation du mari contre la femme ; « Non aliter « fieri hoc licebit quàm si maritum *homicidam* probaverit, aut « *sepulcrorum violatorem,* aut *veneficum,* » dit-il en parlant de la femme qui veut répudier son mari. — L'interprétation des mêmes mots, semblable pour quelques-uns, est différente pour d'autres. Ainsi, le mot *mœcha* du texte est traduit partout par *adultera,* de même le mot *sepulcrorum dissolutor* par *sepulcri* ou *sepulcrorum violator;* mais les mots *medicamentarius* et *medica- mentaria,* traduits dans la loi romaine des Wisigoths et dans l'édit de Théodoric par *maleficus* et *malefica,* le sont d'une manière beaucoup plus exacte à notre sens dans le Papien par les mots *veneficus* et *venefica*[3]. Ce simple rapprochement des interpréta- tions d'un même texte justifie pleinement ce que nous avons dit plus haut de la ressemblance des expressions employées par les rédacteurs et ce que nous venons de dire de leur différence ; il prouve incontestablement aussi que la première ne provient pas d'emprunts faits par un recueil à un autre.

Les différences que nous venons de signaler tiennent seule- ment à la forme ; il en est d'autres, beaucoup plus importantes, qui tiennent au fond même du droit. Ainsi, nos recueils ne sont

[1] V. *Edictum Theodorici regis,* 51. Walter, t. I.
[2] V. *Lex Romana Burgundionum,* tit. XXI, éd. Barkow.
[3] Dans une constitution de Théodose et Valentinien, de 449, insérée au Code de Justinien (liv. V, tit. XVII, c. viii), mais qui ne se trouve ni dans aucune édition du Code Théodosien, ni dans la loi romaine des Wisigoths, le nombre des causes de répudiation est beaucoup plus considérable. Parmi ces causes figurent celles admises par la constitution de Constantin; mais les mots *mœcha* et *medicamentaria* sont remplacés par *adultera* et *venefica.* Peut-être est-ce à cette constitution que le Papien les a empruntés.

pas d'accord sur le divorce par consentement mutuel : les uns le repoussent, l'autre l'admet.

Après la loi de Constantin[1], le divorce ne fut plus permis que pour cause grave et déterminée. Mais une novelle de Théodose et Valentinien, de 439, rétablissant les règles posées par les anciennes lois et les écrits des jurisconsultes, se borna à exiger pour la dissolution du mariage l'envoi du *libellus repudii*[2]. Cette novelle fut à son tour abrogée par une constitution de Valentinien, de 452[3], et les lois de Constantin et d'Honorius, Théodose et Constance, furent remises en vigueur. Voici maintenant comment ces dispositions diverses furent interprétées et expliquées dans chacun de nos recueils. La loi romaine des Wisigoths reproduit les dispositions des lois de Constantin, d'Honorius, Théodose et Constance et la novelle de Valentinien de 452, et les interprète ; mais elle ne reproduit ni ne mentionne la novelle de Théodose et Valentinien de 439. « Certis rebus et probatis cau-« sis, inter uxorem et maritum repudiandi locus patet ; nam levi « objectione matrimonium solvere prohibentur : » c'est par ces mots que commence l'interprétation de la loi de Constantin. L'édit de Théodoric (tit. LIV) porte aussi : « Passim matrimonia dis-« sipari non patimur, ideò uxor à marito, aut maritus ab uxore, « nisi probatis causis quas leges comprehendunt, omisso repudio, « à jugali vinculo non recedant » ; suit l'application des consti-

---

[1] V. Const. 1 et 2, *Cod. Theod.*, III, *De repudiis*. La seconde est une constitution des empereurs Honorius, Théodose et Constance, de l'an 421.

[2] V. *Nov. Theod.*, II, tit. XII. Cette novelle porte : « Consensu licita « matrimonia posse contrahi, contracta nonnisi misso repudio dissolvi « præcipimus. Solutionem etenim matrimonii difficiliorem deberé esse favor « imperat liberorum. Sed in repudio mittendo culpàque divortii perqui-« rendà, durum est *veterum* legum moderamen excedere, ideò constitutio-« nibus abrogatis quæ nunc maritum, nunc mulierem, matrimonio soluto « præcipiunt pænis gravissimis coerceri, hàc constitutione repudia, culpas « culparumque coertiones, ad veteres leges responsaque prudentium revo-« cari censemus... » Ed. Hænel, p. 18. Le sens de cette novelle ne saurait être douteux : voici, en effet, comment s'exprime Valentinien dans la novelle de 452, qui l'abrogea : « In ipsorum autem matrimoniorum reve-« rentià et vinculo, ne passim et temerè deserantur, antiquata novella lege, « quæ solvi conjugia solà contrarià voluntate permiserat, ea quæ à divo « patre nostro Constantio decreta sunt intemerata serventur. » *Nov. Valent.*, III, tit. XXXIV, § 11 (éd. Hænel).

[3] V. *suprà*, note 2.

tutions que nous avons indiquées. Ces textes sont bien formels pour exclure toute espèce de divorce autre que celui qui a lieu pour causes déterminées. Mais le Papien ne l'est pas moins dans le sens contraire : « consensu partis utriusque repudium dari et « matrimonium posse dissolvi ». L'auteur applique ensuite la loi de Constantin au cas où le mari veut le divorce, malgré l'opposition de sa femme, *uxore contradicente*, et où la femme veut répudier le mari, celui-ci ne le voulant pas, *nolente marito*. Ainsi, d'après le Papien, le mariage peut être dissous par le consentement mutuel des époux au moyen de l'acte de répudiation ; mais si l'un des deux époux ne consent pas au divorce, il n'est permis au mari de répudier sa femme ou à la femme de répudier son mari que pour causes déterminées.

Comment expliquer cette différence entre nos recueils sur un point aussi important que celui-là ? On ne saurait, évidemment l'attribuer à l'ignorance du rédacteur du Papien, qui aurait mal interprété les constitutions de Constantin, de Théodose, Valentinien et Constance ; il suffit de lire le titre des divorces dans ce recueil pour s'assurer que le système qu'il reproduit repose sur l'interprétation combinée de ces constitutions et de celles de Théodose et Valentinien de 439 et 449. Ce système dut être suivi dans la pratique après la première de ces deux constitutions. Mais comment put-il se maintenir après l'abrogation de la novelle de 439 par la novelle de Valentinien de 452 ? L'auteur du Papien connaissait la novelle de Valentinien ; il la cite et en reproduit certaines dispositions [1]. On ne peut dire dès lors qu'elle fût inconnue ou inappliquée ; mais le divorce par consentement mutuel fut conservé par la pratique dans les provinces auxquelles était destiné le Papien, nonobstant la disposition de la novelle, tandis qu'il fut repoussé par la loi romaine des Wisigoths et par l'édit de Théodoric. Quelle qu'en soit la cause, sur laquelle nous ne voulons pas insister davantage, c'est là un fait incontestable. Nous examinerons plus tard, au moyen des formules, quel fut le droit suivi sur ce point dans l'empire franc.

[1] V. notamment le tit. XXVI : *De his qui debitas filiis de maternis bonis non tradiderint portiones* (éd. Barkow), à conférer avec le paragraphe 10 de la novelle et le titre XXXI *De præscriptione temporum*, llg. 7 (éd. Barkow), à conférer avec la *Nov. Valent.*, § 12. Voir aussi le titre XI *De commotione litium*, llg. 15 et suiv., à conférer avec le paragraphe 1er de la novelle.

Il existe encore entre nos recueils plusieurs différences pour le fond même du droit ; nous nous en occuperons lorsque nous exposerons le droit particulier de chacun d'eux. Ce que nous avons dit suffit pour prouver que le droit romain suivi dans l'empire d'Occident, après la chute de cet empire et sous la domination germanique, ne fut pas complétement uniforme ; d'où la nécessité, pour qui veut bien connaître le droit de cette époque et se rendre compte des transformations que le droit romain avait subies dans les divers royaumes germaniques et qu'il y subit plus tard, d'étudier chacun des recueils qui nous restent, et non pas l'un d'eux seulement, fût-il le plus important. C'est dans cette pensée que nous entreprenons l'étude des recueils de droit romain dans la Gaule, nous proposant d'exposer le droit public ou privé des Romains tel qu'il nous est révélé par chacun d'eux.

Le point de vue auquel nous nous plaçons dans ce travail n'est pas le même que celui sous lequel l'illustre auteur de l'*Histoire du droit romain au moyen âge* a considéré ces divers monuments du droit romain. Nous nous proposons moins de rechercher dans ces monuments des traces de ce qui a été, que de constater ce qui est. Aussi, même après les savantes études de M. de Savigny, la nôtre ne paraîtra-t-elle pas peut-être sans intérêt.

Nous commencerons par le Papien, parce que ce recueil est le moins connu, et parce que son histoire a fait en Allemagne, depuis la publication ou plutôt depuis la traduction de l'ouvrage de M. de Savigny, l'objet de recherches peu répandues en France.

LE PAPIEN.

Nous conservons à ce recueil le nom sous lequel il fut d'abord connu et qui remonte à une époque assez reculée. On sait aujourd'hui que ce nom, que M. de Savigny attribuait à une méprise de Cujas, se trouve déjà comme désignant notre recueil dans des manuscrits du neuvième siècle[1]. Mais si M. de Savigny s'est trompé sur l'auteur et la date, il ne s'est probablement pas trompé sur la cause de cette erreur. Il est probable, en ef-

---

[1] V. *infrà* et Klenze, *Institutio Gregoriani. Zeitschrift für Geschichtliche Rechtswissenschaft*, B. 9, n° 10, p. 238 et 239, et une lettre de M. Edouard Laboulaye dans la *Revue de législation*, t. X, p. 182.

fet, que se trouvant dans les manuscrits immédiatement et sans indication particulière, à la suite du fragment de Papinien, par lequel finit le Bréviaire d'Alaric, notre recueil fut considéré par les copistes comme une continuation de l'ouvrage de Papinien ou de Papien, le nom de ce grand jurisconsulte ayant subi cette contraction. Plus tard, lorsqu'on détacha le Papien du Bréviaire et même qu'on en sépara le fragment de Papinien, on lui conserva son titre dans certains manuscrits [1].

Nous ne nous proposons pas d'examiner ici en détail chacun des textes publiés ou inédits du Papien, mais il nous est impossible, avant de rechercher la patrie, la date, les sources de notre recueil et d'exposer le droit qu'il contient, de ne pas donner une indication sommaire de ces textes et de leurs principales différences, ce qui pourra être d'un grand secours pour résoudre les questions que nous aurons à traiter.

§ 1. — Textes du Papien.

Les textes du Papien qui nous sont connus peuvent être divisés en quatre classes.

I. A. — A la première appartient le texte d'un manuscrit palimpseste du Vatican (5766) du septième siècle, manuscrit mutilé qui ne contient malheureusement qu'une partie du titre XXVIII, et les titres XXIX, XXX, XXXI, XXXII, XXXIII, XXXIV, XXXV et XXXVI de l'édition d'Amaduzzi. Les titres n'ont ni rubriques ni numéros. Ce texte a été publié à Rome, en 1823, par A. Mai, à la suite des fragments du Vatican [2].

[1] V. les additions de M. Merkel à la deuxième édition de l'*Histoire du droit romain au moyen âge*, de M. de Savigny, t. VII, p. 36, n° IV. — Dans une autre addition au paragraphe 8 du t. II, M. de Savigny, après avoir reproduit l'opinion qu'il avait exposée lors de la publication de son deuxième volume, et celle de M. Klenze sur l'origine du nom de Papien, ajoute que quoique l'erreur fût plus ancienne de plusieurs siècles que Cujas, celui-ci ne s'était pas servi pour son édition du manuscrit de Berlin, il est possible qu'il ait commis la même erreur sans savoir que bien longtemps avant lui elle existait déjà, et qu'il l'ait renouvelée. V. t. VII, p. 37 à 40.

[2] V. sur ce manuscrit la préface de Mai, VIIII. On y lit : « Cujus item « scripturæ specimen edo, invenustioris equidem pro barbaricorum tempo- « rum more; sed tamen tantæ antiquitatis, ut ab ipsâ operis ætate vix dis- « tare videatur. » M. Merkel sur Savigny, B. VII, S 31, en fixe la date au septième siècle.

II. B. — A la deuxième appartient le texte du manuscrit dit d'Ottobon, aujourd'hui du Vatican (2225) du huitième ou neuvième siècle. Le texte de notre recueil y est complet et il se compose de quarante-huit titres, non compris le fragment de Papinien, qui ne s'y trouve pas. Le titre XLVIII *De colonis migrantibus vel in fugitiva lapsis* est reconnu comme n'appartenant pas au Papien. En tête de la loi se trouvent ces mots *lex Romana*, et avant les rubriques des treize premiers titres, ces autres mots : *incipit capitula de lege Romana*. Ce texte, publié d'abord par Amaduzzi, a servi de base aux éditions de Berlin et de Barkow [1].

III. C. — La troisième classe comprend les manuscrits suivants : 1° un manuscrit de Paris (4412) du neuvième siècle, incomplet. Le texte du Papien, d'après les numéros des titres, se composerait de quarante-sept titres ou chapitres ; mais il ne se compose en réalité que de quarante-cinq. Les titres XXVI et XXVIII manquent entièrement. Il ne commence d'ailleurs qu'avec la dernière moitié du titre VII, la première et les six premiers titres se trouvant sur les premiers feuillets, qui sont perdus [2]. 2° Un manuscrit de la bibliothèque de Berlin (n° 270) du neuvième siècle, le seul qui, avec le manuscrit d'Ottobon, contienne le Papien entier. Le texte, conformément aux indications de la table, ne renferme que quarante-cinq titres ; les titres XXVI et XXVIII manquent comme dans le manuscrit précédent. La table et le texte sont précédés de ces mots : *Incipit Papianus liber I, responsorum*, et à la fin du texte se trouvent ceux-ci : *Explicit liber Papianus feliciter, amen*, plus un épilogue du copiste. Le fragment de Papinien ne fait pas partie du Papien, il se trouve après, parmi d'autres fragments du Bréviaire d'Alaric [3]. 3° Un

---

[1] V. sur ce texte Amaduzzi, *Leges Novellæ*..., Rome, 1767, c. 1, p. 31 et suiv. ; Barkow, *Lex Romana Burgundionum*, præf., p. XIII et suiv.; de Savigny, B. II, § 3, S. 11, A. Les auteurs ne sont pas d'accord sur la date du manuscrit; M. Merkel la fait remonter au huitième siècle. V. M. de Savigny, B. VII, s. 31.

[2] V. Barkow, *Lex Romana Burgundionum*, préface, p. 23, n° 4; Hænel, *Novellæ*, præf., p. x, et *Lex Romana*, præf., p. 60, n° 23, et M. Merkel, *ubi suprà*, p. 31, B. II.

[3] La description de ce manuscrit a été donnée avec détail par M. Klenze, *Zeitschrift für Geschichtliche Rechtswissenschaft*, B. 9, n. x. V. en outre M. Hænel, *Lex Romana Wisigothorum*, préface, p. 51, n° 17 b.; M. Merkel sur Savigny, B. VII, S. 34, n. 3, et l'addition de M. de Savigny lui-même, S. 38.

autre manuscrit du Vatican (bibliothèque de la reine Christine, n° 1050), du dixième siècle. Le texte y est incomplet et ne comprend que les vingt-deux premiers titres et une partie du vingt-troisième ; mais l'index ou table des chapitres en indique quarante-sept. En tête et à la fin de cette table on trouve ces phrases : *Incipiunt capitula Papiani libri responsorum, et expliciunt capitula liber Papiani feliciter, amen.* Suit le texte, qui commence ainsi : *Incipit Papianus liber primus responsorum.* Pacta non solum verbis... et la suite du fragment de Papinien, par lequel se termine le Bréviaire. Seulement, ce fragment n'est pas compris parmi les quarante-sept titres indiqués dans la table[1]. A cette classe de manuscrits se rattachent les éditions du Papien de Cujas, de Lyon, Genève et Paris, et celles de Schulting, qui les reproduisent. Dans toutes les éditions de Cujas, le titre XXVI manque et le titre XXVIII, *De luctuosis hereditatibus*, est placé après le titre XX, *De successionibus diversis.* De plus, dans celle de 1566, le fragment de Papinien forme le titre premier. Quoiqu'on ne puisse affirmer que Cujas ait composé son texte d'après les manuscrits que nous avons indiqués dans cette classe, il est certain qu'il a avec eux les plus grands rapports, et qu'il a dû l'être dès lors sur des manuscrits tout au moins semblables[2].

IV. D. — Dans la quatrième classe nous rangerons le texte du manuscrit de Murbach, dont Sichard publia pour la première fois un fragment dans son édition du *Breviarium*, texte qui ne se réfère qu'au titre II, mais qui diffère tellement des autres textes par la forme, qu'il n'est pas possible de le confondre avec eux. Il n'est plus permis aujourd'hui de douter de l'origine de ce fragment, après les recherches de M. Hænel, qui l'a retrouvé tel qu'il fut publié par Sichard dans un manuscrit d'Amerbach

[1] V. sur ce manuscrit la notice de M. de Rozière, qu'a reproduite M. Pardessus dans sa *Loi salique*, préface, p. 51, n° LII ; M. de Savigny, B. II, S. 12, note *h*, et s. 21 et suiv.; M. Merkel sur Savigny, B. VII, S. 33, n. 1 ; Hænel, *Lex Romana Wisigothorum*, préface, p. 78, n° 76.

[2] M. Merkel, en comparant les éditions de Cujas de 1566 et 1586 entre elles et avec les manuscrits de cette classe, pense que la première fut composée sur un texte semblable à celui du manuscrit du Vatican (1050), et la deuxième à l'aide de textes qui avaient les plus grands rapports avec ceux des manuscrits de Berlin (270) et de Paris (1112). V. ses additions sur M. de Savigny, B. VII, S. 35, III, et note e.

du seizième siècle, où il avait été reproduit d'après un manuscrit de Murbach [1].

Nous ne mentionnerons pas ici les manuscrits assez nombreux
qui ne contiennent que des fragments isolés du Papien, que rien
ne signale d'une manière spéciale à l'attention et qui sont mêlés
soit à des parties du Bréviaire d'Alaric, soit aux titres de la loi
des Bourguignons [2].

Des textes que nous avons indiqués, le plus ancien nous paraît
être incontestablement celui de la première classe (A). Ce texte,
dans les parties qui nous en restent, se distingue de celui d'Ottobon ou de la deuxième classe, en ce qu'il ne contient pas certaines particules ou mots, des membres de phrase et même des
phrases entières qu'on trouve dans ce dernier. Ainsi dans le texte
d'Ottobon on trouve ajoutés les mots : *si*, *hoc est* pour *hoc*, *hoc est*
qui ne sont pas dans le texte du Vatican, mots évidemment
ajoutés après coup [3]. De même, dans le titre XXXI, ce membre
de phrase : *quia per uncias divisa possessio in singulorum por-
tionibus assem facit*, destiné à expliquer le texte, manque dans
le texte du Vatican et a été intercalé dans celui d'Ottobon. Enfin, dans le titre XXXV, qui est entier et sans lacune dans le
manuscrit du Vatican, huit lignes sont ajoutées au texte dans le
manuscrit d'Ottobon; elles commencent par ces mots : *sciendum
etiam est quod facta qualiterlibet commutatio…*, qui indiquent,
comme tout le passage d'ailleurs, une addition faite au texte
primitif. Si l'on ajoute à ces indications que les leçons du texte
du Vatican sont en général meilleures, quoi qu'en dise Barkow, et
que ce texte porte des traces d'ancienneté que n'ont pas les
autres, il sera permis d'en conclure qu'il est, sinon le texte primitif, ce qui est probable, du moins le texte le plus ancien que
nous possédions [4]. Or, ce point n'est pas sans importance pour
résoudre les questions de la patrie, de la date et des sources de

[1] V. Hænel, *Lex Romana*, préface, p. 46, n° 8, et M. Merkel, *ubi suprà*,
§ 34, c. 1.
[2] V. M. Merkel sur Savigny, B. VII, s. 34, D. 1 et 2.
[3] Titres XXX, XXXI et XXXVI.
[4] « Cæteroquin, dit M. Mai dans sa préface, p. 22, VIII, Boblensis textus
« cum Ottoboniano, quem dedit Amadutius, collatus longè melior apparet,
« neque tot mendis, quot ille Ottobonianus, laborat. Desunt præterea Bo-
« biensi aliquot particulæ, undè confirmatur eorum opinio, qui Burgundio-
« num legem interpolatam existimaverunt. »

notre recueil. C'est ce texte que nous prendrons pour base de notre travail pour les parties du Papien qui nous ont été conservées; pour les autres, nous suivrons le texte d'Ottobon, qui s'en rapproche le plus.

Quant au texte de la deuxième classe (B), c'est-à-dire du manuscrit d'Ottobon, il est interpolé, c'est ce qui résulte de ce que nous venons de dire; moins ancien que celui de la première, il paraît l'être plus que ceux de la troisième (C). Il se distingue de ces derniers par plusieurs interpolations qui leur auront été faites, mais surtout en ce qu'il contient deux titres de plus qu'eux, les titres XXVI et XXVIII, *De his qui debitas filiis de maternis bonis non tradiderint portiones* et *De luctuosis hereditatibus*. Ce dernier existe pourtant dans les diverses éditions de cette classe, mais il est placé à la suite du titre *De successionibus diversis* (tit. X ou XI) et avec certaines variantes. Ce déplacement ou cette suppression de deux titres, ces interpolations dont nous avons parlé indiquent un remaniement qu'on a fait subir, à une époque et dans un but difficiles à déterminer, à un texte plus ancien[1]. On ne saurait en douter, puisqu'un fragment (la fin du titre XXVIII) se trouve déjà dans le plus ancien texte, celui du Vatican, et qu'il y occupe précisément la même place que dans celui d'Ottobon.

Que le texte de la quatrième classe (D) dont nous possédons un fragment soit un texte remanié, cela est évident et n'a pas besoin d'être démontré, il suffit pour s'en convaincre de le comparer à tout autre. Mais cela n'est pas sans importance à constater, parce que dans ce fragment se trouve le nom de Théodoric, roi des Francs, comme auteur de certaines dispositions qu'on trouve dans le Papien (tit. II *De homicidiis*).

§ 2. — Patrie du Papien. — Lieu où il fut composé et où il dut être appliqué.

On sait que nous n'avons aucun renseignement précis sur la composition du Papien; aucun *commonitorium* n'est venu jusqu'ici nous en révéler l'origine ni la date; et les indications que nous fournit son texte sur ces points importants sont peu nombreuses et tout à fait insuffisantes. Ce que nous savons là-dessus

---

[1] L'une des plus importantes est l'interpolation de ces mots : « Quod si « patrem non habuerit, avus paternus jure succedit », dans le tit. XXVIII, qu'on ne trouve pas dans le texte d'Ottobon.

nous vient surtout d'une indication que nous trouvons dans la loi des Burgundes et que nous appliquons à notre recueil et des rapports qui existent entre le Papien et cette loi. Aussi est-on loin d'être d'accord sur les diverses questions qui se rattachent à la composition du Papien et qu'on peut formuler ainsi : Où, quand et comment a-t-il été composé?

Quant à la patrie de notre recueil, au lieu où il fut composé et où il fut appliqué, voici une indication qu'il nous fournit lui-même au titre XXXVI : après avoir parlé de la restitution en entier comme d'un moyen accordé aux pupilles de faire annuler les actes qui leur seraient préjudiciables, l'auteur indique le mode qui doit être suivi pour obtenir cette restitution et le délai pendant lequel on peut la demander. D'après notre texte, il peut la demander jusqu'à la fin de sa vingt-huitième année : *quæ restitutio usque ad finem anni vigesimi octavi concessa est.* Or, d'après une constitution de Constantin, à laquelle est emprunté notre titre et qui forme la loi 2 du Code théodosien, *De integri restitutione* (II, 16), le délai pour invoquer la restitution s'étend jusqu'à *trente* ans accomplis pour Rome et sa banlieue; jusqu'à *vingt-neuf* ans accomplis pour l'Italie; jusqu'à *vingt-huit* ans accomplis pour les provinces. D'où il faut conclure que le Papien n'a été composé ni à Rome, ni en Italie, mais dans une province.

Dans quelle province? Le titre XXX[1] parle du seigneur roi ou du maître des choses, noms par lesquels les Romains désignaient les rois barbares, *ad præceptionem domini regis* ou *domini rerum*, ce qui indique que la province était placée sous l'autorité d'un roi, d'un roi barbare. Le titre II du Papien parle aussi du seigneur roi, de notre seigneur, *dominus noster, ex præcepto domini regis*, et confirme ainsi l'indication du titre XXX. Mais quel était ce roi? Ce n'était pas celui des Ostrogoths ni celui des Wisigoths, puisque chacun d'eux avait fait ou fit composer un recueil de droit romain à l'usage de ses sujets romains, l'*edictum Theodorici* et la *lex Romana Wisigothorum*; ce ne pouvait donc être que le roi des Francs ou le roi des Burgundes.

Quant au roi des Francs, il serait très-possible qu'un recueil

<hr>

[1] V. *suprà*, p. 329, note 4.

eût été fait sous son autorité pour les Romains des provinces
conquises par les Francs. Une indication qu'on trouve dans le
texte du Papien, que nous avons rangé dans la quatrième classe,
viendrait à l'appui de cette opinion. Après ces mots du titre II :
Dominus noster, ce texte ajoute, en effet : *Theodoricus, rex Francorum*. Amaduzzi, s'attachant à cette indication, avait attribué le
Papien à Théodoric I, roi d'Austrasie. M. de Savigny a repoussé
cette opinion, qui n'est fondée que sur des mots « qui ne se lisent,
dit-il, dans aucun des manuscrits de notre recueil, mais dans un
extrait qui lui est étranger, extrait qui est tellement remanié
qu'on doit regarder ces mots comme une interpolation [1]. »

Que le texte dans lequel se trouvent les mots *Theodoricus rex
Francorum* soit remanié, cela est incontestable [2]; Théodoric n'est
d'ailleurs indiqué dans ce texte que comme l'auteur de certaines
dispositions qui, nous le croyons, ont été ajoutées au texte primitif; on peut donc repousser l'argument qu'Amaduzzi a voulu
en tirer en faveur de son opinion. Si Théodoric I eût fait rédiger
le Papien, on comprendrait qu'il eût emprunté quelques dispositions aux lois des Francs, des Allemands ou des Bavarois qu'il
avait fait rédiger par écrit [3], mais on ne comprend pas qu'il les
eût empruntées aux lois des Burgundes avec lesquels ses frères
ou lui étaient en guerre presque depuis la mort de Clovis. Or,
c'est un point hors de toute controverse que les dispositions du
titre II, auxquelles se trouve mêlé le nom de Théodoric, ont été
puisées dans ces dernières lois.

Est-ce à dire pourtant que ce nom et la qualité de roi des
Francs doivent être considérés comme une interpolation sans
valeur, due à l'ignorance ou au caprice d'un copiste ? Nous ne
le pensons pas. Si Théodoric est désigné dans notre fragment
comme roi des Francs, il n'est pas dit que ce soit Théodoric I. Il
y eut plusieurs rois francs de ce nom, notamment Théodoric II,
qui régna en Bourgogne, et précisément l'emprunt fait aux lois
bourguignonnes, dans le titre II, qui formait une objection

[1] V. *Geschichte des Rœmischen Rechts im Mittelalter*, B. II, S. 22.
[2] V. *infrà*, p. 575, IV.
[3] V. le prologue de la loi des Bavarois : « Theodoricus rex, cùm esset Ca-
« talonis, elegit viros sapientes qui in regno suo legibus eruditi erant. Ipso
« autem dictante jussit conscribere legem Francorum et Alamanorum et
« Bajovariorum... » dans Walter, *Corpus juris Germanici*, t. Ier, p. 238.
V. dans cette Revue l'art. de M. de Pétigny, Livraison de juillet-août.

contre la désignation de Théodoric I, se concilie très-bien avec celle de Théodoric II, fils de Childebert. Mais alors ces mots *Theodoricus rex Francorum*, qui désigneraient Théodoric II, serviraient à prouver que c'est dans le royaume de Bourgogne que le Papien a été composé, ou tout au moins remanié.

Ce sont là les seules indications qui soient fournies par notre recueil sur le lieu où il a été composé ; mais, outre celles-là, il en est d'autres qu'on tire des rapports du Papien avec la loi des Bourguignons. Ces rapports existent tout à la fois pour l'ordre où la disposition des matières, pour les rubriques des titres et pour le contenu de ces titres eux-mêmes [1].

Pour se convaincre que l'ordre des matières est le même dans les deux recueils, il suffit de comparer la table des matières du Papien avec celle de la loi des Bourguignons [2] : de cette comparaison résulte aussi la preuve des rapports des rubriques entre elles. Cette concordance n'est pas telle toutefois qu'on ne trouve dans le Papien que les titres de la loi des Burgundes ou dans celle-ci que les titres de celui-là ; il y a, dans chacun des deux recueils, des titres qui ne se trouvent pas dans l'autre et qui sont entremêlés avec les titres correspondants ; quelquefois même l'ordre suivi dans un recueil est troublé dans l'autre, en ce que des titres sont placés avant, au lieu d'être placés après d'autres titres. Ainsi le titre XXV, *De adulteriis*, se trouve placé dans le Papien après les titres *De sacramentis*, XXIII, et *De latronibus convictis*, XXIV ; tandis que dans la loi des Bourguignons le titre *De adulteriis puellarum et viduarum* (XLIV), correspondant au premier, est placé avant les titres XLV et XLVII, correspondant aux seconds. Sauf cette interversion dans l'ordre de trois titres, dont nous ne chercherons pas pour le moment à pénétrer le motif, il est facile d'expliquer les différences entre les deux recueils, résultant de l'omission de certains titres. Ou bien, en effet, des titres de la loi des Burgundes sont omis dans le Papien, parce que, dans le droit romain, il n'y avait pas de dispositions correspondantes, tels sont les titres XIII, XVII, XXVI, XXVIII, XXXVII, XXXVIII, XXXIX, XLVI, LIV, LV, LVI,

[1] C'est ce qu'avait déjà remarqué M. de Savigny, dans un passage qui n'a pas été très-exactement rendu par son traducteur français. V. B. II, p. 13.

[2] V. cette comparaison dans M. de Savigny, qui a mis les deux tables en regard. B. II, p. 14 et suiv.

LVII, LVIII, LXIII, LXIV, LXV, LXVI, LXVII, LXIX, LXXI, LXXII, LXXXIV, LXXXIX ; ou, au contraire, un titre du Papien se trouve omis dans la loi des Burgundes, parce que dans ces lois il n'y a pas de disposition correspondante à ce titre, tels sont les titres XXXVII, XXXVIII, XL, XLI, XLII, XLIII, XLVI et XLVII. Ou bien encore on ne trouve pas dans un recueil de titre correspondant à celui de l'autre, soit parce que les dispositions de plusieurs titres se trouvent réunies dans un seul, ainsi celles des titres VII, VIII, LXXVII des lois des Bourguignons se trouvent réunies dans le titre VII du Papien, soit parce qu'il existe dans les premières plusieurs titres sur le même sujet qui se complètent ou se modifient l'un l'autre, tandis que dans le second, le droit restant le même, un seul titre a dû suffire : tels sont les titres relatifs aux successions (XIV, XLII, LIII, LXII, LXXIV, LXXV, LXXVIII), beaucoup plus nombreux dans les lois des Bourguignons que dans le Papien (X, XXVIII).

Malgré les légères différences qui peuvent exister entre eux, le Papien et la loi des Bourguignons sont donc en parfait accord, en ce qui concerne l'ordre ou la disposition des titres, accord d'autant plus remarquable que cet ordre n'est pas du tout rationnel et que les titres des deux recueils sont disposés à peu près au hasard ; d'où la conséquence que cet accord n'a pu être que le résultat de la volonté des rédacteurs de l'un des recueils de suivre l'ordre adopté dans l'autre.

Ce que nous venons de dire de la disposition des titres s'applique entièrement aux rubriques, à ce point même que pour rendre les rubriques des deux recueils tout à fait conformes, en certains endroits, on les a placées sans égard au contenu du titre qu'elles étaient censées indiquer, se contentant qu'elles répondissent au contenu du titre correspondant dans l'autre recueil. C'est ainsi que la rubrique du titre XIII de la loi des Bourguignons, *De commotione litium*, qui est exactement celle du titre XI du Papien, convient parfaitement à ce dernier où il est question, en effet, de procès, tandis qu'elle ne convient pas du tout au premier, où il n'est question que d'attaques contre une personne faites dans son domicile et commises, soit par un ingénu, soit par un esclave. De même la rubrique du titre LXXIII de la loi des Burgundes, *De caballis quibus ossa aut scandala ad caudam ligata fuerint*, ne répond pas aussi bien dans cette loi au contenu du titre qu'à celui du titre XXIX du Papien, où il est question, en effet, de ce moyen d'effrayer les chevaux. Ces exemples suffisent à prouver que les rédacteurs des deux recueils se sont efforcés d'établir une conformité aussi grande qu'il était possible entre les rubriques, et, par suite, que cette conformité n'est point due au hasard.

Mais ce n'est pas seulement par rapport à l'ordre des matières ou aux rubriques qu'il y a conformité entre nos deux recueils, elle existe aussi sur plusieurs points entre le contenu ou les dispositions de chacun d'eux. La première de ces dispositions qui doive fixer l'attention est celle qui concerne la composition pour le meurtre d'un esclave ; cette composition, qui est fixée par la loi des Bourguignons, eu égard aux fonctions ou à la profession de chaque esclave (tit. X et L), est la même dans le titre XI du Papien. Mais cette partie du Papien appartient-elle à la rédaction ancienne de ce recueil, ou n'est-elle qu'une addition faite après coup ? C'est là une question que nous nous réservons d'examiner plus tard ; il nous suffit pour le moment de constater les rapports qui existent entre les deux recueils, tels que nous les possédons.

Parmi les dispositions conformes nous citerons encore les suivantes : — Loi des Bourguignons, tit. XII, § 2, avec Papien, tit. IX, l. 8. — L. B., tit. XVI; Papien, XII, on remarque dans les deux ces mots *pro fure teneatur*. — L. B., XLIII, 1, et LX, 1; Papien, tit. XLV. Il y a ceci de remarquable que dans les deux recueils les mots désignant le nombre des témoins sont placés de la même manière, *Quinque aut septem, vel quinque, vel septem.* contrairement à ce qui a lieu dans les textes et les recueils de droit romain, où le mot *septem* est placé avant *quinque*[1]. — L. B., LIX, LXXXV, § 1; Papien, XXXVI. Les textes des deux recueils veulent que la mère qui ne se remarie pas soit préférée pour la tutelle de ses enfants à tous les agnats. La loi des Burgundes porte à cet égard : *Si mater tutelam suscipere voluerit, nulla ei*

---

[1] V. *Cod. Theod.*, lib. IV, tit. IV, c. 1 : « In codicillis quos testamentum « non præcedit, sicut in voluntatibus testamenti, septem testium vel quinque « interventum non deesse oportet. » V. aussi c. VII, § 2, et nov. de Valentinien, 20, 1, § 4. L'*Interpretatio* de la *Lex Romana Wisigothorum* dispose les mots de la même manière. L'édit de Théodoric porte également : « Ita ut « septem aut quinque testes ingenui..... »

parentela præponatur, et le Papien : *Quibus omnibus mater si tutelam suscipere voluerit licite et jure præponatur*. — L. B., LXVIII, § 1; Papien, XXV. — L. B., LXX, § 2, et Papien, IV, lig. 6. Dans les deux textes celui qui, après s'être rendu coupable d'un crime ayant mérité la mort, s'est réfugié dans une église, échappe à la peine en payant une certaine somme. — L. B., LXXXIV; Papien, XXXIV : ici non-seulement les dispositions se ressemblent, mais les expressions sont identiques. Il est question dans les titres des deux recueils de celui qui reconnaît une chose lui appartenant entre les mains d'un tiers; à moins qu'on ne lui donne une caution ou quelque motif pour la retenir, il a le droit de s'en saisir : *Res quas agnoscit præsumendi habeat potestatem*, et le Papien : *Res suas præsumendi habeat liberam potestatem*[1].

Mais les dispositions qui se ressemblent le plus incontestablement sont les titres I et XVII de *l'additamentum primum*, d'une part, et les titres XVII et XLIV du Papien, de l'autre. Il ne s'agit plus seulement de quelques mots semblables du premier qu'on retrouve dans le second, ce sont les titres tout entiers qui s'y trouvent textuellement reproduits avec leur rubrique, et qui prouvent un emprunt incontestable fait par un recueil à un autre.

Nous ne nous occupons pas pour le moment de la question de savoir quel est celui des deux recueils, bourguignon ou romain, qui a emprunté à l'autre ses dispositions, ses expressions même; nous constatons seulement les rapports de ressemblance qui existent entre eux, et nous en concluons que le Papien a été composé en Bourgogne et pour les sujets romains des rois bourguignons. Comment expliquer autrement, en effet, ces ressemblances nombreuses qui existent entre le Papien et les lois bourguignonnes, et qui prouvent que les rédacteurs ont voulu mettre en harmonie, sous tous les rapports, les deux recueils? A quoi bon cette conformité, si ces deux recueils n'étaient pas destinés à être appliqués dans le même pays et aux sujets d'un même royaume? Si le Papien eût été composé ailleurs qu'en Bourgogne et pour des Romains autres que des habitants de cette partie de la Gaule, les rédacteurs des lois germaniques en vigueur dans ces pays et ceux du Papien n'auraient-ils pas établi entre les

____
[1] V. *infrà*, p. 580.

unes et l'autre ces rapports de ressemblance qui existent entre
ce dernier et les lois bourguignonnes ? Cela eût été naturel ; et
cependant aucun rapport de ce genre, ni pour l'ordre des matières, ni pour les rubriques des titres, ni pour les dispositions
législatives, n'existe entre le Papien et la loi des Francs Saliens,
des Ripuaires, des Allemands, des Bavarois... Ces rapports
n'existent qu'avec la seule loi des Bourguignons. Il faudrait donc
supposer, si l'on ne voulait pas admettre que notre recueil a été
composé pour les Romains bourguignons, que des emprunts ont
été faits par les rédacteurs de toute autre partie de la Gaule,
sans motif, aux lois des Bourguignons, par préférence aux lois
suivies dans leur contrée. Aussi, depuis Cujas, tous ceux qui
ont étudié le Papien, et surtout qui l'ont rapproché des lois
bourguignonnes, ont-ils reconnu, un seul excepté, Amaduzzi,
que le Papien était la loi romaine des Bourguignons[1].

Mais existait-il une loi de ce genre en Bourgogne, et retrouve-
t-on dans notre recueil les traits qui permettent de la reconnaître ?

On n'a aucun renseignement sur l'existence de cette loi ; seulement dans ce qu'on appelle la deuxième préface de la loi des
Bourguignons, dont nous aurons bientôt à fixer le vrai caractère, on trouve l'annonce d'un recueil de droit pour les Romains :
« Inter Romanos verò interdicto simili conditione venalitatis
« crimine, sicut a parentibus nostris statutum est, Romanis legi-
« bus præcipimus judicari : qui formam et expositionem legum
« conscriptam, qualiter judicent, se noverint accepturos, ut per
« ignorantiam se nullus excuset. » Dans ce passage se trouve
annoncé ou promis un recueil de lois romaines, destiné surtout
à servir de guide aux juges, à leur faire connaître comment ils
auront à juger, afin que nul ne puisse prétexter cause d'ignorance, pour se dispenser d'appliquer ces lois, ou de juger. Or,
on reconnaît précisément dans le Papien tous les caractères du
recueil annoncé. C'est un recueil destiné surtout aux juges,
recueil de lois et de droit dont les dispositions ont tantôt la
forme impérative, tantôt celle d'une exposition de principes ou
de règles, précédée quelquefois de ces mots : *sciendum est*. Dans
certains titres même, le rédacteur s'adresse aux juges : ainsi à

[1] M. de Savigny, B. II, p. 22 et suiv.

propos de la prescription de trente ans (tit. XXXI, *De præscriptione temporum,*) voici sous quelle forme sont posées les règles : « De præscriptione temporum constat legibus constitutum, ut « tricennalem constitutionem in hereditariis causis,.... vel no- « litia testamentorum *custodiant judicantes.* » Un peu plus loin, rappelant les règles relatives aux servitudes, il s'exprime ainsi : « De servitutibus verò superiori titulo comprehensum est quid « *judices debeant observare.* » Ne dirait-on pas qu'en écrivant ces mots leur auteur avait devant les yeux l'annonce du recueil, faite dans la prétendue deuxième préface de la loi des Bourguignons? Le recueil de lois romaines destiné à décider les causes entre les Romains et à servir de règle aux juges a donc été fait, il est impossible de ne pas le reconnaître à tous ces caractères, et ce recueil c'est le Papien.

C'est là un point que M. de Savigny a mis hors de controverse, et en le traitant de nouveau, nous n'avons voulu qu'ajouter quelques considérations nouvelles à celles qu'il avait déjà présentées.

Nous ne prétendons pas dire par là qu'aucune objection ne puisse être élevée contre ce système. Sans parler de celle qu'on a pu tirer de l'indication de Théodoric, roi des Francs, ou des différences qui existent dans l'ordre des matières ou dans les rubriques entre la loi des Bourguignons et le Papien, il en est une autre qu'on peut tirer de différences ou même de contradictions existant entre les dispositions de l'une et de l'autre. Nous ne voulons pas parler, bien entendu, de ces différences qui sont dues à l'origine de chaque recueil, l'un étant de droit germanique, l'autre de droit romain, mais d'autres différences qu'il est plus difficile d'expliquer et de concilier avec l'origine bourguignonne du Papien.

Au titre XXXIV, *De divortiis,* § 3, les lois des Bourguignons admettent pour le mari trois causes de divorce contre la femme, et ces causes sont empruntées au droit romain. Si le Papien était la loi romaine des Bourguignons, comme on l'appelle, il semble qu'en ce point plus qu'en tout autre, ses dispositions devraient concorder avec celles de ces lois, qu'il les leur eût ou qu'on les lui eût empruntées. Il n'en est point ainsi cependant, et les expressions employées pour désigner les diverses causes de divorce ne sont point du tout celles dont se sert le Papien; ce seraient

plutôt les expressions employées par la loi romaine des Wisigoths, comme l'a remarqué M. de Savigny, ou par l'édit de
Théodoric. Ainsi, au lieu des mots *adulteram, veneficam, conciliatricem*, du Papien, on trouve *adulteram, maleficam, vel sepulcrorum violatricem*, comme dans la loi romaine des Wisigoths
ou l'édit de Théodoric pour les deux premiers mots, le troisième
se trouvant emprunté aux causes de divorce contre le mari.
On peut expliquer cette différence, qui est de peu d'importance, par cette observation que le texte du titre XXXIV des lois
bourguignonnes a été évidemment remanié, et que la partie où
se trouvent les mots dont nous nous occupons fait partie d'une
addition faite au texte primitif. Pour s'en convaincre, il suffit de se
rendre compte de chacune des dispositions de notre titre XXXIV.
Le paragraphe 1 porte : « Si qua mulier maritum suum, cui legi-
« timè juncta, est dimiserit, necetur in luto »; le paragraphe 2 :
« Si quis uxorem suam sine causâ dimiserit, inferat ei alterum
« tantùm, quantum pro pretio ipsius dederat, et mulctæ nomine
« sol. XII ». Ces deux dispositions sont claires et concordent parfaitement entre elles. La femme ne peut répudier son mari légitime, sous peine d'être étouffée dans la boue. Le mari peut répudier sa femme ; mais s'il la répudie sans juste motif, il doit lui
payer une somme égale à celle qu'il a payée déjà pour son prix
(*nuptiale pretium*), et payer en sus 12 sous d'amende.

Le paragraphe 3 fixe les causes de répudiation et permet au
mari, si sa femme se trouve dans l'un des cas prévus, de la ren-
voyer, sans être soumis à aucune peine. C'est encore là une disposition qui peut se concilier avec les précédentes ; mais le paragraphe 4 porte que si la femme ne s'est rendue coupable d'aucun des
trois crimes prévus, il n'est permis à aucun homme de répudier
sa femme ; seulement, s'il le préfère, « qu'il sorte de la maison,
« après avoir abandonné tous ses biens, et que sa femme jouisse
« avec ses enfants des biens que son mari possédait ». Cette disposition qui, combinée avec le paragraphe 3, ne permet au mari
de répudier sa femme que pour l'un des trois crimes prévus et
qui, s'il veut l'abandonner, en dehors de ces cas, l'oblige à abandonner tous ses biens, est évidemment en contradiction avec le
paragraphe 2, qui soumet seulement le mari qui renvoie sa
femme sans cause au payement d'une somme et d'une amende :
d'où il faut nécessairement conclure que les deux derniers para-

graphes ont été ajoutés aux deux premiers. Or, si une addition a été faite à une époque plus ou moins reculée, il n'est pas étonnant qu'on ait emprunté, en les bouleversant, quelques dispositions à la loi des Wisigoths; cela ne prouve rien ou du moins pas grand'chose contre l'origine du Papien, fondée sur son accord avec le texte (non remanié) de la loi des Bourguignons.

Dans le titre XXIV de cette loi se trouvent des dispositions et des expressions qui, selon M. de Savigny, auraient été empruntées à la loi romaine des Wisigoths, les dispositions au texte, les expressions à l'interprétation [1]. Mais cet emprunt est-il bien constaté? Il est vrai que, comme la loi romaine, la loi des Bourguignons ne permet à la femme qui convole à de nouvelles noces que de conserver en usufruit seulement les biens composant la *donatio nuptialis*, et il est possible que cette disposition ait été empruntée au droit romain; il est encore vrai que certaines expressions ont une grande analogie avec celles de l'interprétation; mais il faut remarquer qu'elles s'appliquent dans cette dernière à un cas tout autre que dans la loi des Bourguignons, et dès lors il est difficile d'affirmer qu'il y ait eu emprunt fait par celle-ci au commentaire wisigoth [2].

[1] V. B. II, § 2 et note a. M. de Savigny rapproche pour le prouver ces mots de la loi des Bourguignons : « Dum advivit usufructu possideat », de ceux qu'on rencontre dans l'interprétation : « Dum advixerit in usu- « fructu possideat. »

[2] Le texte de la loi romaine, qui est une constitution des empereurs Gratien, Valentinien et Théodose, de l'an 382, porte dans le *proœmium* que les femmes qui, ayant des enfants d'un premier mariage, se remarient après l'an de deuil, doivent conserver à leurs enfants du premier lit la propriété des biens qui leur ont été donnés par le premier mari à un titre quelconque, n'en ayant pour elles-mêmes que l'usufruit. Puis dans le paragraphe 1, cette loi dispose que si un des enfants nés du premier lit vient à mourir, ne laissant que des sœurs, la mère aura, en vertu du sénatus-consulte Tertullien, part aux biens laissés par cet enfant; mais elle n'aura que la possession de ces biens pendant sa vie, la propriété en étant réservée aux autres enfants du premier lit, sans qu'elle puisse les aliéner ou en disposer. L'interprétation reproduit les dispositions de ces deux paragraphes, et c'est non pas dans la première partie qui se réfère à la disposition qu'on retrouve dans la loi des Bourguignons, mais dans la seconde, que se rencontrent les expressions citées par M. de Savigny. Voici, au surplus, le passage : « Si « vero filia moriatur et matrem et sorores tantùm dimittat, dimidiam de- « functæ filiæ hereditatem mater adquirat, et media sororibus, seu una

§ 2. — Date de la composition du Papien.

La question de la date de notre recueil présente beaucoup plus
de difficultés, et si elle n'est pas la plus importante, elle est au
moins la plus controversée de celles que fait naître l'étude du
Papien. Il ne nous fournit lui-même aucune indication sur ce
point, le nom de Théodoric, roi des Franks, se référant non au
texte en général, mais à une partie qui aurait été ajoutée après
coup ; et les éléments de solution que nous puisons ailleurs sont
tous contestables et contestés. Ces éléments sont pris, en effet,
dans le fragment de la prétendue deuxième préface de la loi des
Bourguignons, que nous avons déjà citée, et dans les rapports
du Papien avec cette loi. Or, sans parler des difficultés qui nais-
sent de l'interprétation de ce fragment et de l'appréciation exacte
de ces rapports, les dates de la préface et de la loi des Bourguignons, auxquelles semble liée celle du Papien, ne sont rien
moins que certaines. Aussi les systèmes les plus divers se sont-ils
produits sur cette question.

Celui de M. de Savigny est fort simple ; il peut se résumer en
quelques mots : « Dans la dernière préface de la loi des Bour-
« guignons, de l'an 517, un recueil particulier de leur droit est
« promis aux Romains, sujets des rois bourguignons. Ce recueil
« est celui nommé Papien, dont la composition se place ainsi
« après l'an 517 et avant la chute du royaume de Bourgogne,
« en 534 [1], » Ce système repose tout entier sur la date de la loi
des Bourguignons et de la deuxième préface, que M. de Savigny
s'était efforcé d'établir avant de s'occuper du Papien. Ainsi, il
pense que la loi des Bourguignons, dans son état actuel, avec la
deuxième préface, sont l'œuvre de Sigismond et datent de l'an
517, deuxième année du règne de ce prince, tandis que la pro-

« seu plures sint, proficiat : eâ tamen ratione ut dum adulrerit mater, acqui-
« sitam ex hâc filii aut filiæ medietatem tantummodò in *usufructu possideat*,
« et reliquis si supererunt, ex priore matrimonio filiis post obitum derelin-
« quat ad alias personas in transferendo, nec per testamentum nec per
« donationem habitura licentiam. » *Lex Romana Wisigothorum*, III, 8, 2,
éd, Hænel, p. 84.

[1] *Geschichte des R. R. im Mittelalter*, B. II, §§ 4 et 7.

mière préface et les parties anciennes qu'on trouve reproduites dans la loi nouvelle appartiennent à Gondebaud. Après la première préface de la loi des Bourguignons, et en tête de celle que l'on appelle la deuxième, se trouve bien indiquée la deuxième année du règne de Gondebaud, mais cette indication qui se référerait, d'après M. de Savigny, à l'an 467 ou 468, ne peut s'appliquer à la loi des Bourguignons dans son état actuel. En effet, dans cette loi on trouve des constitutions qui sont datées : deux du consulat d'Aviénus, une autre du consulat d'Agapetus, c'est-à-dire des années 501 ou 502 et 517. De plus, il résulte de certains passages, empruntés à la loi romaine des Wisigoths, que la loi des Bourguignons n'a pas pu être composée avant l'année 506. Enfin, dans certains manuscrits, en tête de la deuxième préface, on trouve le nom de Sigismond au lieu de celui de Gondebaud, et la deuxième année du règne de Sigismond, qui serait ainsi indiquée, se trouve être précisément l'an 517, date de l'une des constitutions que nous avons citées.

On peut ajouter à ces preuves ce que dit plus loin M. de Savigny[1] des sources auxquelles a puisé l'auteur du Papien. Il pense, en effet, qu'il a connu le *Breviarium*, parce qu'il a écrit après l'an 517, tandis que le dernier est de 506; parce que les lois bourguignonnes, qui sont plus anciennes que le Papien, ont fait des emprunts au Bréviaire, et enfin parce que certains passages semblent être plutôt empruntés, pour certaines expressions, à l'interprétation qu'au texte de la loi romaine des Wisigoths.

Ce système a été généralement suivi en France, en tout ou en partie[2], depuis la publication et surtout depuis la traduction de

[1] *Ubi suprà*, § 10.

[2] Il est reproduit intégralement dans l'*Histoire de la civilisation en France*, de M. Guizot, onzième leçon, t. I, p. 295 et suiv., éd. in-12, 1853; dans le *Précis historique du droit français*, de M. Minier, p. 55, et dans tous les ouvrages publiés en France sur le droit romain. — M. Laferrière, dans son *Histoire du droit français*, après avoir admis que le Papien est dû à Sigismond et date de l'an 517, fixe la date de la loi des Bourguignons dans son état actuel entre les années 501 et 517. V. t. II, p. 461, et t. III, p. 101 et 102. — La même opinion a été adoptée par M. Wilhelm Schæffner, dans son ouvrage : *Geschichte der Rechtsverfassung Frankreichs*, B. I, S. 95-96, pour le Papien, et s. 130 pour la loi des Bourguignons. — M. Warnkœnig, dans son *Histoire du droit public et privé français* (*Franzæsische Staats und*

l'*Histoire du droit romain au moyen âge*; mais il a trouvé en Allemagne de savants contradicteurs. Un système absolument contraire, tant en ce qui concerne la composition et la date de la loi des Bourguignons, qu'en ce qui concerne celles du Papien, a été opposé à celui de M. de Savigny par M. Gaupp et adopté par plusieurs savants [1].

On a soutenu, sur le premier point, que les lois des Bourguignons et la deuxième préface ne dataient pas de l'an 517 et n'étaient pas l'œuvre de Sigismond, qu'elles avaient l'une et l'autre pour auteur Gondebaud, à l'exception d'une ou deux constitutions, qui avaient été intercalées dans ces lois par Sigismond; qu'à ce dernier appartenait aussi vraisemblablement le premier appendice, et que le second était dû à Godomar.

A l'appui de ce système, on invoque d'abord la mention des dispositions de la deuxième préface dans le titre LXXXI de la loi des Bourguignons, d'où l'on tire cette conséquence, que si la préface est de 517, le titre LXXXI étant postérieur suppose que la loi, dans son état actuel, l'est aussi, et par suite que la préface et la

Rechtsgeschichte, B. II, 5 et 13, fixe la date des quarante-un premiers titres de la loi des Bourguignons vingt ans après la bataille de Châlons (par suite en 471), et celle des titres suivants entre les années 501 et 517; mais il adopte pour le Papien l'opinion de M. de Savigny, et fixe la date de sa composition entre les années 517 et 534. — Le texte qu'il invoque d'une *Vie de saint Lupicinus*, rapporté par dom Bouquet, comme faisant remonter la première composition des lois bourguignonnes au règne de Chilpéric : *Corâm Hilperico, sub quo ditionis regiæ jus publicum tempore illo redactum*, est également cité par M. Laferrière dans son troisième volume, *ubi suprâ*, p. 101. — M. de Pétigny, dans ses *Études sur l'histoire, les lois et les institutions de l'époque mérovingienne*, s'éloigne davantage du système de M. de Savigny : il fait dater la loi des Bourguignons de l'an 502, Grégoire de Tours disant que cette loi fut promulguée après le rétablissement de Gondebaud et la mort de Godégisile, et Gondebaud datant son règne de la fin de l'an 500; il pense que le Papien fut rédigé vers la même époque, t. I, p. 481, note 2, et p. 484, note 2. — Cette opinion est aussi celle du traducteur des lois des Bourguignons, M. Peyré, *Lois des Bourguignons*, vulgairement nommées *Loi Gombette*, traduites pour la première fois. Avant-propos, nos III et IV.

[1] M. Gaupp a développé ce système, que nous analysons, dans son savant ouvrage : *Die Germanischen Ansiedlungen und Landtheilungen in den Provinzen des Ræmischen Westreiches*, Breslau, 1844, s. 42, § 96 et suiv. — Il a été adopté dans ces derniers temps par M. Hænel, *Lex Romana Wisigothorum*, préface, p. 92 et 95, et par M. Walter, *Deutsche Rechtsgeschichte*, Bonn, 1852, § 32.

loi ne peuvent être l'une et l'autre, comme le soutient M. de Savigny, de l'an 517. Relativement à cette préface, on ajoute que ce n'est nullement une deuxième préface, que c'est seulement une première constitution, nom qui lui est donné dans le titre LXXXI, et qu'elle se donne à elle-même ; que cette première constitution se réfère si bien par ses dispositions et ses expressions mêmes à la première préface, dans laquelle Gondebaud annonce qu'il a fait composer un recueil tant de ses propres lois que de celles de ses parents, qu'on doit la reconnaître comme étant du même auteur, c'est-à-dire de Gondebaud, auquel l'attribuent d'ailleurs presque tous les manuscrits.

Quant à la loi des Bourguignons elle-même, elle n'a pas été composée en une seule fois ; elle comprend deux parties : une partie ancienne, qui remonte à la deuxième année du règne de Gondebaud (règne qui commença en l'année 470), et qui s'étend jusqu'au titre XLI. Dans cette partie se trouvent les lois des anciens rois bourguignons, dont il est fait mention dans la préface, et quelques constitutions de Gondebaud. Elle commence au titre II *De homicidiis*, le premier n'appartenant pas à cette partie ancienne de la loi, et étant postérieur aux titres XXIV et LI. — Le recueil des lois bourguignonnes se compose encore d'une deuxième partie, qui, à partir du titre XLII, comprend un suite de constitutions placées sans aucun ordre, postérieures pour la plupart à celles comprises dans la première partie, et qui ont eu évidemment pour objet de modifier l'ancien droit, ou de combler ses lacunes. Il en est quelques-unes seulement auxquelles on ne peut reconnaître ce caractère, et qui doivent être considérées dès lors comme appartenant au recueil ancien.

Ces constitutions, qui forment la deuxième partie, sont pour la plupart l'œuvre de Gondebaud : plusieurs sont, en effet, indiquées comme étant promulguées sous son règne (les titres XLII, XLV et LXXXIX) ; dans les autres, l'auteur se sert d'expressions que Sigismond n'a pu employer la deuxième année de son règne, ou qui indiquent que l'auteur est le même que celui de quelque disposition de la partie ancienne de la loi, ou bien encore c'est le contenu même de la loi qui fait connaître celui qui l'a composée. Une ou deux de ces constitutions peuvent seules être attribuées à Sigismond, qui dès lors n'aurait participé à la composition du recueil des lois bourguignonnes qu'en les y intercalant.

A ces preuves on ajoute les témoignages des historiens anciens : de Grégoire de Tours, qui parle de Gondebaud seul comme législateur de son peuple ; d'Agobard (mort en 840), qui, traitant des lois bourguignonnes, ne dit pas un mot de Sigismond, et enfin on invoque le nom de la loi elle-même, *lex Gundoboda*, qui lui est donné dans tous les anciens documents, et qui révèle son auteur.

Quant à l'objection qu'on pourrait tirer contre cette opinion, des passages empruntés par les lois bourguignonnes au Bréviaire d'Alaric, on y répond en soutenant que s'il y a emprunt, il a été fait par l'auteur de l'interprétation du Bréviaire aux lois des Bourguignons ou au Papien, et non par ceux-ci à la loi romaine des Wisigoths.

En ce qui concerne le Papien, et cela résulte de ce qui a été dit précédemment, les partisans de ce système soutiennent que la promesse d'un recueil spécial a été faite aux Romains non par Sigismond, mais par Gondebaud ; que le Papien est plus ancien que le Bréviaire d'Alaric, et que dans les passages peu nombreux où ces deux recueils ont quelques rapports de ressemblance, les rédacteurs du Bréviaire se sont servis du Papien [1].

On est même allé plus loin, et l'on a soutenu que non-seulement le Papien était plus ancien que la loi romaine des Wisigoths, mais que peut-être même il était, pour sa composition, antérieur à la loi des Bourguignons, quoique pour sa promulgation il fût postérieur. Parlant en effet du Papien, le rédacteur de la prétendue deuxième préface dit *conscriptam*, ce qui indiquerait qu'il est déjà composé. De plus, parmi les titres ou rubriques qui sont les mêmes dans les deux lois, plusieurs ont une origine romaine, et il faut dès lors supposer, ou bien que l'auteur de la loi des bourguignons les a puisés lui-même dans les textes du droit romain, et qu'ils ont été empruntés à cette loi par le rédacteur du Papien, ou bien qu'empruntés par ce dernier aux sources du droit romain, ils ont ensuite passé de là dans la loi des Bourguignons. Cette dernière hypothèse est la plus probable ; mais si

---

[1] V. M. Gaupp, *Die Germanischen Ansiedlungen und Landtheilungen*, p. 302 et note 2 ; — *Gesetz von Thuringer*, § 14, et *De Occupatione et Divisione provinciarum agrorumque Romanorum*, p. 19.

des emprunts ont été faits par la loi des Bourguignons au Papien, cette loi lui est donc postérieure. Telle est l'opinion qui a été émise par M. Hænel dans sa préface de la loi romaine des Wisigoths [1].

Il serait difficile d'imaginer deux systèmes plus différents, plus opposés même sur une question, que ceux que nous venons d'exposer. Quel est celui d'entre eux qui doit être préféré, ou plutôt qu'est-ce qu'il y a de vrai dans chacun d'eux? c'est ce qui nous reste à examiner.

I. La deuxième préface, comme l'appelle M. de Savigny, ou la première constitution, selon M. Gaupp, sert de première base à ces systèmes divers, et c'est d'elle que nous devons d'abord nous occuper. Elle est le seul document qui fournisse quelque indication relative au Papien et qui puisse nous aider à en fixer la date.

Que ce document ne soit pas une deuxième préface, mise par Sigismond en tête de la loi des Bourguignons, qu'il aurait promulguée la deuxième année de son règne, et par conséquent en 517, cela nous paraît démontré par M. Gaupp, d'une manière incontestable. Si c'était, en effet, une deuxième préface, aucune partie de la loi ne devrait lui être postérieure en date ; or, dans le titre LXXXI de la loi des Bourguignons se trouve citée la prétendue préface, et sont mentionnées ses dispositions dans les termes suivants : « Prima constitutione a nobis *decretum fuerat* « ut judices ter admoniti causas inter partes cognitas judica- « rent. » Voici maintenant le passage de la préface auquel se réfèrent ces indications : « Illud adjicientes ut si judices tertio « interpellati non judicaverint, et causam habens interpellatio- « nem nostram crediderit expetendam, et judices suos ter interpel- « lasse, et non se auditum fuisse probaverit, XII solidorum judex « inlatione multabitur. » C'est bien là la disposition dont parle le titre LXXXI ; seulement, comme le jugement pouvait être retardé par l'absence ou les occupations des juges, un délai de trois mois est fixé par le titre LXXXI, qui modifie ainsi les dispositions de la préface, pendant lequel ils devront connaître de toute l'affaire et la juger entièrement. Puis, dans le paragraphe 2, les juges qui, sommés de juger, ne l'auraient pas fait dans les

---

[1] *Lex Romana Wisigothorum*, præf., p. 95 et 96, et M. Walter, *Deutsche Rechtsgeschichte*, § 32.

trois mois, sont condamnés à une amende de XII sous conformément à la deuxième préface. Le rapprochement de ces textes prouve d'abord que le titre LXXXI est postérieur à la prétendue préface ; que l'un et l'autre sont du même auteur, et qu'un certains laps de temps a dû exister entre les deux : *Primâ constitutione à nobis decretum fuerat...* Ce texte prouve même que la prétendue préface n'est pas en réalité une préface, mais une constitution qui est appelée première pour une raison que nous rechercherons plus tard. Ce nom de constitution, qui lui est donné par le titre LXXXI, elle se le donne aussi à elle-même dans ses dernières dispositions : « *Constitutionis verò nostræ seriem placuit etiam adjectâ comitum subscriptione firmari.* »

La constitution, comme l'indique ce texte, est suivie de la signature des comtes, ce qui s'explique par son objet. Elle était destinée à régler la manière dont la justice devait être rendue et à réprimer les exactions, la corruption ou la négligence des juges, c'est-à-dire des comtes qui remplissaient ces fonctions, et c'est pour cela qu'on exigeait une confirmation particulière de leur part[1].

---

[1] Quoique cette explication de la signature des comtes soit assez plausible, nous devons reconnaître que les signatures ne suivent pas immédiatement notre constitution. Avant elles, on trouve cette phrase : « Nomina eorum, q qui leges vel sequentia constituta et illa, quæ in priori paginâ continentur, « signaturi sunt, vel in posterum cum prole, Deo auspice, servaturi. » Si ce passage se trouvait certainement dans le texte à la suite de la première constitution, il serait difficile d'appliquer seulement à cette constitution des signatures qui semblent s'appliquer à la loi entière, à ce qui précède comme à ce qui suit. Mais, quoiqu'il se trouve dans toutes les éditions, il suffit de le lire pour se convaincre qu'il a été intercalé. Dans quelques manuscrits, au lieu de cette phrase, on lit : « Nomina eorum qui legibus subscripserunt. » Ces variantes prouvent que le passage ne peut appartenir au texte ancien ; mais à quelle époque a-t-il été intercalé ? Probablement lors de la révision de la loi des Bourguignons, alors qu'on transforma notre constitution en préface et qu'on ajouta aux anciennes signatures des signatures nouvelles. On sait que le nombre de ces signatures n'est pas le même dans tous les manuscrits : au lieu de trente-deux il n'est, dans certains manuscrits, que de vingt-trois (V. Lindenbrog, *Codex legum antiquarum,* c. 1319) ; et parmi les signatures ajoutées, se trouve celle d'un comte Gundeulfus qui signa également un acte qui nous est parvenu du règne de Sigismond, la charte de fondation du monastère d'Agaune. Ce qui ne prouve pas que la deuxième préface soit du règne de Sigismond ; mais cela peut prouver que l'addition et la révision datent du règne de ce prince.

De ce qui précède il résulte que la prétendue deuxième préface n'est autre chose qu'une constitution et que cette constitution, antérieure au titre LXXXI, est antérieure aussi au recueil des lois bourguignonnes tel que nous le possédons. Mais quelle est la date de ce recueil et celle de notre constitution ?

On sait que le recueil des lois bourguignonnes, appelé *lex Burgundionum*, se compose, dans les éditions ordinaires, de quatre-vingt-neuf titres et de deux suppléments et qu'il a, en tête et avant le titre premier, une petite préface, précédée des mots : *Vir gloriosissimus Gundebaldus, rex Burgundionum*, plus notre constitution. Entre la préface et cette dernière on lit ces mots : « In Dei nomine, anno secundo regni domini nostri glo-« riosissimi Gundebaldi regis, liber constitutionum de præteritis, « præsentibus atque in perpetuum conservandis legibus, editus « sub die IV Kal. aprilis, Lugduni. » Constatons d'abord que, quoique précédant immédiatement notre constitution, cette in-dication s'applique, non pas à elle mais à un recueil de lois, *liber constitutionum*. A quel recueil ?

Il faut reconnaître que ce ne peut être au recueil tel que nous le possédons, et, en effet, un recueil composé la deuxième année du règne de Gondebaud ne saurait renfermer des constitutions des années 501 ou 502 et 517. Si donc on admet l'exactitude du texte que nous avons reproduit, il doit s'appliquer à un autre recueil ; quel peut être cet autre recueil ? Dans le recueil actuel des lois bourguignonnes, il est facile de reconnaître deux parties, une partie ancienne, qui ne paraît pas avoir été remaniée et dans laquelle on ne trouve la mention d'aucune loi antérieure ; cette partie forme un tout homogène et est assez semblable aux autres lois des peuples germaniques ; elle commence au titre II, *De homicidiis*, et finit avec le XLI° *De messibus incendio concre-matis*. Le titre Ier du recueil actuel, *De libertate donandi patri-bus attributa*, doit être regardé comme n'appartenant pas au recueil ancien, parce qu'il y est déjà question de lois antérieu-res, ou plutôt d'une loi antérieure, à laquelle il se réfère, en un certain point : « Absque terrâ sortis titulo acquisitâ, de quâ *prio-« ris legis* ordo servabitur. » Donc il n'appartient pas à la *prior lex*, ou au recueil ancien. On peut en dire autant du titre XLII, *De hereditatibus eorum qui sine filiis moriuntur*, où il est fait mention de lois antérieures : « Licet de heredibus eorum qui sine

« filiis moriuntur complura *prioribus legibus* jusserimus...., » et de *prior lex* : « De morgengebâ verò, quod *priori lege* statutum est « permaneat. » Cette disposition de la *prior lex* est celle du titre XXIV. Or, le titre XLII, qui désigne un recueil ancien dont il ne fait pas partie, est une constitution de Gondebaud, datée d'Ambérieux, du troisième jour des nones de septembre, sous le consulat d'Aviénus, et par conséquent de l'année 501 ou 502[1].

La partie ancienne du recueil des lois bourguignonnes, qui est appelée dans plusieurs titres *prior lex*, et qui est composée, comme nous l'avons dit, des quarante et un premiers titres, moins le premier, peut être considérée comme formant le recueil primitif de ces lois. Que ce recueil date du règne de Gondebaud, cela est incontestable, puisqu'il en est déjà fait mention dans une constitution de ce prince de l'an 501 ou 502 ; mais cette constitution prouve aussi qu'il n'a pu être composé la deuxième année du règne de Gondebaud, si, avec certains auteurs, on ne fait dater ce règne que de la fin de l'an 500[2]. Puisqu'une constitution en fait mention en 501 ou 502, il est nécessairement antérieur à cette époque. Il est toutefois possible qu'il date de la deuxième année du règne de Gondebaud, si l'on fait commencer ce règne en l'année 470.

Notre première constitution faisait-elle partie de ce recueil primitif des lois bourguignonnes ? Nous ne le pensons pas, et voici nos raisons ; Dans cette constitution il est dit : « Omnes « itaque administrantes judicia secundùm leges nostras, quæ

---

[1] Il y eut deux consuls qui portèrent le nom d'Aviénus pour l'Occident : l'un qui est désigné seulement par le nom d'Aviénus, l'autre que l'on nomme Aviénus Junior. Le premier fut consul en l'an 501, le second en l'an 502. V. Pagi, *Dissertatio hypatica seu de consulibus Cæsareis*, p. 296. On ne sait lequel des deux est désigné dans notre titre.

[2] On s'appuie, pour soutenir cette opinion, sur le texte de Grégoire de Tours (II, 33) ; mais ce texte ne dit pas que Gondebaud composa la loi des Bourguignons après la mort de Godegisile et après avoir soumis toute la Bourgogne à son autorité ; il dit que ce prince donna à son peuple des lois plus douces pour qu'ils n'opprimassent plus les Romains. *Burgundionibus leges mitiores instituit, ne Romanos opprimerent.* Ce qui ne doit pas être entendu de la composition d'un recueil de lois, mais de lois nouvelles ajoutées à un recueil ancien, pour en corriger les dispositions. Or, plusieurs des constitutions qui composent la deuxième partie de la loi des Bourguignons peuvent être considérées comme ayant eu cet objet. V. aussi les titres LIV, LV, LXVII, LXXXIV.

« communi tractatu compositæ et emendatæ sunt, inter Bur-
« gundionem et Romanum præsenti tempore judicare debebunt. »
et plus bas : « De malè verò ante acto tempore judicatis, *prioris*
« *legis* forma servabitur. » Il y est donc parlé de lois déjà composées et même révisées, et il y est aussi fait mention de la *prior
lex*, dont l'existence antérieure à notre constitution est ainsi
prouvée. Mais si la *prior lex*, qui désigne le recueil primitif,
selon nous, est antérieure , donc notre constitution n'en fait pas
partie et l'on ne peut dès lors, et en aucun cas, faire remonter sa
composition à la deuxième année du règne de Gondebaud. C'est
là le premier point acquis à notre discussion.

Outre la partie ancienne dont nous venons de nous occuper, le
recueil des lois des Bourguignons se compose encore d'un assez
grand nombre de constitutions ou de lois détachées, d'époques
différentes, qui forment autant de titres et qui sont placées, sans
égard à leur date, les unes avant, les autres après la partie ancienne [1]. De ces constitutions plusieurs sont incontestablement de
Gondebaud, d'autres de Sigismond. Mais à quelle époque ont-
elles été réunies à la partie ancienne, et disposées dans l'ordre
où nous les voyons, pour former le recueil actuel ? Ce ne peut
pas être avant 517, puisqu'on y trouve une constitution de cette
date; mais est-ce en 517 même ? Cela est possible, et l'on sait
qu'un manuscrit connu [2] portait dans le passage que nous avons
déjà cité le nom de Sigismond au lieu de celui de Gondebaud.
Il paraît que les recherches de M. Blume, qui est chargé de pré-
parer une édition nouvelle de la loi des Bourguignons pour la
collection de M. Pertz, lui ont fait découvrir dans les manuscrits
qu'il a consultés quelque indication qui confirme celle du manuscrit unique connu jusqu'ici [3]. Mais alors la deuxième année,
indiquée comme étant celle de la date ou de la promulgation du
recueil, se référerait au règne de Sigismond et non à celui de

---

[1] M. Warnkœnig (B. II, S. 10) indique toutefois un ordre chronologique.
Ainsi le titre XLII aurait été composé en 501, et les titres XLII à XLV
dans la même année, les titres XLVI à LII dans l'année 508 ou 512, les titres LIII à LXII plus tard, et enfin les titres LXIII à LXXXIX en 515 ou
516. Mais M. Warnkœnig ne fournit aucune preuve à l'appui de cette opinion, qui est contredite par les textes eux-mêmes. V. *infrà.*, p. 575 et 573.

[2] V. Lindenbrog, *Codex legum antiquarum*, p. 1310, *in pr.*

[3] V. M. Merkel sur Savigny, B. VII, S. 37, note *f*.

Gondebaud. Ce qui ne porterait nulle atteinte à l'opinion que nous avons déjà émise, que la partie ancienne de la loi des Bourguignons formait un recueil datant du règne de Gondebaud et même des premières années de ce règne.

La date de cet ancien recueil et celle du nouveau étant ainsi fixées, il s'agit de fixer celle de la prétendue deuxième préface. Cette constitution ne faisait point partie, avons-nous dit, du recueil primitif de Gondebaud, et, comme tant d'autres constitutions, elle a été ajoutée à ce recueil, avec cette différence toutefois que, tandis que les autres formaient des titres du nouveau recueil, elle était placée comme préface. Et ce qui lui valut cette place exceptionnelle ce fut probablement son objet, peut-être aussi sa date. Son objet, disons-nous, et, en effet, cette loi règle les devoirs des juges, réprime leurs écarts ; elle pouvait donc être très-bien placée en tête d'un recueil de lois ; d'autant mieux qu'en lui donnant cette place l'auteur du nouveau recueil des lois bourguignonnes, Sigismond, ne faisait que suivre l'exemple des rédacteurs de l'édit de Théodoric. Les sept premiers paragraphes de cet édit sont précisément destinés à réprimer la corruption des juges et à régler leurs devoirs. La date de notre constitution peut aussi avoir engagé le rédacteur du nouveau recueil à la placer une des premières, et même avant les autres; mais quelle est cette date ?

Nous avons déjà dit qu'elle était antérieure à l'an 517, puisque dans le recueil de cette année on trouve une constitution (le titre LXXXI) qui lui est certainement postérieure. Nous pouvons ajouter qu'elle est de Gondebaud. Quoique antérieure au recueil elle pourrait être, à la rigueur, de Sigismond ; mais ce qui prouve qu'elle n'est pas de lui, c'est qu'un intervalle assez long a dû s'écouler entre sa date et celle du titre LXXXI, qui la complète et la modifie ; or, celle-ci est au moins de 517. Mais voici une preuve plus directe. Dans le second appendice de la loi des Bourguignons, qu'on attribue généralement à Godomar, frère de Sigismond, il est fait mention de notre constitution dans les termes suivants : « Omnes omninò causas ex legibus judi- « cent, ut justitiæ ordo teneatur, sicut *lex parentum nostrorum* « continet; » et plus bas : « Si quis compositiones ità facere « præsumpserit et lege expressâ judicare distulerit, mulctam se « noverit illaturum. » Ces passages du paragraphe 10 se réfèrent évidemment à notre première constitution [1], et Godomar appelle cette constitution *lex parentum nostrorum*, ce qu'il pouvait très-bien dire d'une constitution de Gondebaud, confirmée par Sigismond ; mais ce qu'il n'eût pas dit, ni pu dire assurément, d'une loi de ce dernier. En admettant même que Godomar eût voulu se référer aux dispositions du titre LXXXI et non de notre constitution, ce titre étant du même auteur, nous l'avons vu, que cette dernière, il en résulterait toujours qu'elle est du roi Gondebaud.

Notre constitution ne faisant pas toutefois partie du recueil que nous avons attribué à Gondebaud, elle doit être placée, pour sa date, entre ce recueil et la mort de ce prince en 516. Mais comme elle est antérieure, probablement de plusieurs années, au titre LXXXI, et que ce dernier n'est peut-être pas lui-même de l'an 516, on peut faire remonter sa date à une époque plus ou moins rapprochée de la composition ou de la révision du recueil. Ce qui prouverait qu'elle a dû être composée peu de temps après, ce sont les termes mêmes dont se sert son auteur : « Amore justitiæ per quam Deus placatur et potestas terrenæ dominationis « adquiritur, *ea primùm*, habito consilio comitum procerumque « nostrorum, studuimus ordinare, ut integritas et æquitas judi- « candi à se omnia præmia vel corruptiones excludat. Omnes « itaque administrantes judicia secundùm leges nostras, quæ « communi tractatu *compositæ et emendatæ sunt...* » Il semble résulter de ce passage que les lois des Bourguignons ayant été composées et révisées par Gondebaud, on s'est occupé presque immédiatement après, *ea primùm*, de faire accepter et promulguer notre constitution. Elle complétait, en effet, ces lois, en assurant leur exécution, et par là même le système d'égalité et de justice que Gondebaud avait adopté à l'égard des Romains et qu'il voulait faire prévaloir. Le nom de *prima constitutio*, qui lui est donné dans le titre LXXXI, vient encore à l'appui de notre opinion ; il indique notre constitution comme étant la première qui fut promulguée après le recueil ancien et qui lui fut probablement jointe. Mais alors notre constitution étant la première serait par cela même antérieure aux autres, notamment

---

[1] On ne peut dire que par *lex* Godomar a voulu désigner la *lex Burgundionum*, puisque lorsqu'il veut parler de ce recueil il emploie le pluriel *ex legibus*.

à celles qui forment les titres XLII et XLV et datent du consulat d'Aviénus, et daterait par conséquent au moins de l'année 501 ou 502. Elle remonterait donc à l'époque où Gondebaud, vainqueur de Godégisile et maître de toute la Bourgogne, fit, selon Grégoire de Tours, des lois plus douces pour que les Bourguignons n'opprimassent pas les Romains, c'est-à-dire révisa les lois anciennes, et leur en ajouta de nouvelles, et elle ferait partie de ces dernières lois.

On pourrait objecter peut-être contre cette opinion que l'auteur de la *prima constitutio* y parle de ses parents et de leurs décisions relativement aux Romains : « Inter Romanos vero « interdicto simili conditione venalitatis crimine, sicut *à paren-* « *tibus nostris* statutum est, Romanis legibus praecipimus judi- « cari. » Ce qui conviendrait surtout à Sigismond ; mais M. Gaupp a déjà fait observer que dans la première préface, que tout le monde attribue à Gondebaud et que nul n'a songé à lui contester, Gondebaud parle de ses parents et de leurs constitutions : *cùm de parentum nostrisque constitutionibus.....* Il peut donc en avoir parlé dans la première constitution. On pourrait objecter encore que Sigismond, dans un édit [1] où il semble faire allusion à notre constitution, l'appelle *lex nostra* : « Statuentes sicut *lex* « *nostra* loquitur : ut inter Romanos, etiam de hoc negotio, « lege Romanorum ordo servetur. » Mais Sigismond pouvait très-bien appeler *lex nostra* une constitution de son père passée dans les lois de son peuple. D'ailleurs la date de l'édit, si l'on adopte celle qui lui est attribuée par suite de certaines indications, est antérieure à celle de la deuxième préface, si l'on attribue également celle-ci à Sigismond. Le premier, en effet, est daté du viiie jour des ides de mars, du consulat d'Agapetus (517), tandis que la deuxième préface serait datée du iv des calendes d'avril. Il faut donc, ou supposer que notre constitution, quoique appelée *lex nostra*, n'est pas de Sigismond, ou bien qu'elle n'est pas indiquée dans le passage de l'édit. Dans l'un comme dans l'autre cas l'objection tombe.

---

[1] Cet édit a été publié pour la première fois par M. Pardessus, d'abord dans le *Journal des Savants*, année 1839, p. 392, puis dans les *Diplomata, Chartæ, Epistolæ*, t. I, p. 61. Le savant éditeur fixe la date à l'an 517 d'après l'indication suivante : « Data sub die viii. idus Marcius... pe.. cc. » Les deux lettres pe désignant probablement le consul Agapetus.

Il nous reste, avant de tirer nos conclusions de ce que nous venons d'établir relativement au Papien, à dire un mot des suppléments ou appendices (*additamenta*) du recueil des lois bourguignonnes.

Le premier de ces appendices (*additamentum primum*) se compose de vingt titres. Parmi ces titres, les uns sont empruntés textuellement au Papien (I et XIX) ; les autres reproduisent, en les modifiant plus ou moins, quelques-unes des dispositions du recueil des lois bourguignonnes ; et enfin d'autres sont entièrement nouveaux, et quelques-uns même assez bizarres, pour ne rien dire de plus. Ces titres divers ne sont pas tous l'œuvre d'un même auteur. Ainsi, dans le titre IV, *De ingenuis qui cum servo furtum faciunt*, sont reproduites les dispositions du titre LXX, ou du moins se trouvent des dispositions semblables à celles de ce dernier titre, et il y est dit : « Jubemus ut secundùm pretium à no-
« bis constitutum, aut vervecem, aut capram... » Or, ce prix dont il est fait mention dans le titre IV de l'*additamentum*, comme étant établi par l'auteur de ce titre, se trouve fixé par le titre IV, § 3, du recueil. Ce qui prouverait que ces deux titres sont du même roi ; mais ce dernier est l'œuvre de Gondebaud : le premier, c'est-à-dire le titre IV de l'*additamentum*, le serait donc aussi.

D'un autre côté, il n'est pas permis de douter que cet appendice ne renferme aussi des constitutions de Sigismond. Tel est le titre XV, qui a pour rubrique : *De Judæis qui in christianum manum præsumpserint mittere*. Ce titre, après avoir puni de la perte de la main le juif qui frappe un chrétien, le punit de mort s'il ose lever la main contre un prêtre : « Prætcrea jubemus, si
« in sacerdotem manum præsumpserit mittere, tradatur ad mor-
« tem, et facultas ipsius fisco nostro tradatur. » Une semblable peine était tout à fait dans l'esprit de la législation de Sigismond, converti au catholicisme ; elle ne l'était point du tout dans celui de la législation de l'arien Gondebaud.

Cette réunion, dans le premier appendice, de constitutions de divers auteurs et quelquefois contradictoires, dont les unes aggravent et les autres adoucissent la pénalité de dispositions analogues du recueil des lois bourguignonnes ou de l'*additamentum* lui-même, est-elle l'œuvre de Sigismond, comme on le croit généralement ? Cela n'est pas impossible ; mais il est possible aussi qu'elle soit l'œuvre d'un simple particulier. Quant à la date de l'appendice, s'il est de Sigismond, elle doit se placer entre les années 517 et 524 ; s'il a pour auteur un simple particulier, elle peut être postérieure à l'an 534, c'est-à-dire à la mort de Godomar, dont une constitution forme le *deuxième appendice*.

L'*additamentum secundum* est tout différent du premier. Il forme un tout parfaitement homogène, composé de treize paragraphes, et il a pour objet de régler les points sur lesquels les lois antérieures n'avaient pas de dispositions. Mais quel est l'auteur de cet *additamentum*, et quelle est sa date ? Quelques indications permettent de reconnaître pour son auteur Godomar, le dernier des rois bourguignons, et, par suite, de fixer sa date entre les années 524 et 534[1].

La date des diverses parties du recueil des lois bourguignonnes et de la première constitution étant ainsi fixée, autant qu'il nous a été possible de le faire, il nous reste à établir celle du Papien.

Le Papien est d'abord postérieur à la partie ancienne du recueil des lois bourguignonnes. Nous ne pouvons adopter sur ce point l'opinion de M. Hænel. En admettant, en effet, qu'il fût déjà composé lorsque fut promulguée la première constitution, comme cette dernière n'appartient pas à la partie ancienne des lois des Bourguignons, et lui est même postérieure de plusieurs années, il n'est pas permis de conclure de ce que sa composition est antérieure à la promulgation de la première constitution, qu'elle le soit également à celle de l'ancienne loi bourguignonne. Mais le Papien n'est-il pas tout au moins antérieur à la première constitution ? Les termes mêmes de cette constitution : *qui formam et expositionem legum conscriptam, qualiter judicent se noverint accepturos*, signifient-ils que cet abrégé des lois romaines est déjà écrit ou composé, et que les juges le recevront, ou bien que les juges recevront un abrégé écrit des lois romaines ? Le mot

[1] Ainsi il est question dans cet *additamentum* de *tempore excidii*, que l'on rapporte à la bataille de Viseronce en 524, de captifs faits et vendus par les Francs, qui sont représentés comme ennemis, et enfin de sous de Genève qui cessent d'avoir cours, ce qui prouverait que Genève avait cessé de faire partie du royaume de Bourgogne : toutes indications qui reportent la composition de cet *additamentum* au règne de Godomar. V. M. Gaupp, *Die Germanischen Ansiedlungen und Landtheilungen*, § 11, 3, S. 293, 298. — M. de Pétigny attribue, il est vrai, la disposition relative aux sous de Genève à Gondebaud, mais nous ne savons trop sur quel fondement. V. *Études*, t. I, p. 197, note 1.

conscriptam, se reliant au futur *accepturos*, n'indique pas nécessairement un passé, une chose déjà faite ; mais il peut indiquer aussi un futur, une chose qui sera faite. Pourquoi, si cet abrégé eût été composé, peut-on se demander, en eût-on retardé la promulgation ? Cela importe peu, d'ailleurs ; car s'il n'a pas été composé avant, ce qui est douteux, il a dû être certainement promulgué peu de temps après la première constitution ; les termes mêmes de cette dernière indiquent cette promulgation comme prochaine. Ainsi le Papien aurait été composé dans les premières années du sixième siècle, vers l'an 501 ou 502.

Ces conclusions sont-elles confirmées par les autres éléments qui peuvent servir à fixer la date du Papien ? C'est ce qui nous reste à examiner.

II. M. Hœnel, pour soutenir son opinion que le Papien est antérieur pour sa composition à la loi des Bourguignons, s'appuie, nous l'avons dit [1], sur la conformité des rubriques dans les deux recueils, et sur l'emprunt qui a dû être fait de ces rubriques au Papien. Mais, en admettant que cet emprunt soit bien constaté, on ne pourrait, ce nous semble, en conclure que le Papien est antérieur à l'ancienne loi des Bourguignons qu'après avoir établi que les rubriques empruntées appartiennent aux anciens textes de l'un et de l'autre recueil. Il peut très-bien se faire, en effet, que ces rubriques n'appartiennent pas à ces textes et qu'elles aient été ajoutées après coup ; et alors que prouverait un emprunt fait par le Papien à la loi des Bourguignons, ou par cette dernière au Papien, pour la date de leur composition ? Évidemment, rien. Or, il est d'autant plus difficile de prouver que ces rubriques ont été empruntées par l'ancien recueil des lois bourguignonnes à l'ancien texte du Papien, que le plus ancien texte du Papien que nous possédons n'a précisément pas de rubriques. Ce texte est celui du manuscrit du Vatican, publié par M. Maï [2].

L'absence de rubriques dans ce texte tient-elle à une négligence du copiste, qui, se proposant de les mettre après avoir copié le texte, aura omis de le faire ? Cela est possible, mais peu probable ; car, d'une part, il n'existe pas d'interlignes dans le manuscrit entre la plupart des titres, pour placer ces rubriques, et le co-

---

[1] V. *suprà*, p. 539.
[2] V. *suprà*, p. 510, l. A.

piste n'eût pas manqué de les laisser s'il eût voulu placer plus
tard ces dernières; et, d'autre part, il est certain que notre
texte est le meilleur de tous ceux que nous possédons. On pourrait ajouter à ces considérations, tirées de l'état du plus ancien
texte du Papien, que dans les textes où il existe des rubriques,
elles sont formées, pour plusieurs titres, des premiers mots de
ces titres, de telle sorte que ces mots se trouvent répétés deux
fois, une fois dans la rubrique, une autre fois dans le texte :
ainsi le titre XXXI, dans le manuscrit d'Ottobon, a pour rubrique : *De præscriptione temporum*, et commence par ces mots :
de præscriptione temporum... [1]. Cette répétition, qui n'existe pas
dans le texte primitif du Papien, où, comme dans l'édit de Théodoric, il n'y a pas de rubriques, s'explique très-bien dans les
textes révisés, où elles ont été formées des premiers mots du titre.

Si l'on admet que le texte primitif du Papien n'avait pas de
rubriques, il en résultera nécessairement que la *prior lex* des
Bourguignons n'a pu les lui emprunter; mais il en résultera
aussi que le Papien, lors de sa composition, ne les a pas empruntées non plus à la loi des Bourguignons, et, par suite, qu'on ne
saurait rien conclure de la similitude des rubriques pour la date
de la composition de l'un ou de l'autre.

Toutefois cette conclusion, applicable à l'ancienne loi des
Bourguignons et à l'ancien texte du Papien, ne l'est pas du tout
au texte révisé de ce dernier et au recueil des lois bourguignonnes dans son état actuel. L'un et l'autre, en effet, ont des
rubriques, rubriques semblables, et dont la similitude ne peut s'expliquer que par des emprunts. Mais ces emprunts ont-ils été faits
par le Papien au recueil des lois bourguignonnes, ou par celui-ci
au Papien ? Il résulte de la comparaison des rubriques des deux
recueils que, parmi ces rubriques, les unes sont incontestablement empruntées ou Papien, et les autres au recueil des lois
bourguignonnes [2]. Ce qui prouverait que lorsque furent révisées

[1] V. aussi les titres XXXVI et XLVII, ce dernier surtout, de l'édition de
Barkow.

[2] Pour reconnaître auquel des deux recueils appartenaient originairement
les rubriques et auquel, par conséquent, elles avaient été empruntées,
nous avons recherché quel était le titre de l'un ou de l'autre dont le contenu se rapportait le mieux à la rubrique, et nous avons conclu qu'elle appartenait originairement à celui-là. Nous avons ainsi trouvé des rubriques

ces dernières on révisa aussi le Papien, et on fit concorder leurs rubriques autant que faire se pouvait, en mettant aux titres des lois bourguignonnes des rubriques prises des titres du Papien, *et vice versâ.*

Si nos conjectures sont fondées, l'argument que M. Hænel a prétendu tirer de la similitude des rubriques et de l'emprunt fait au Papien, s'il ne prouve pas l'antériorité du Papien par rapport à l'ancienne loi des Bourguignons, la prouve du moins par rapport au recueil des lois bourguignonnes dans son état actuel, et il en résulte que le Papien est antérieur à l'an 517, date du recueil actuel des lois bourguignonnes. Mais l'argument tiré de la similitude des rubriques, pour ou contre l'antériorité du Papien peut être tiré aussi des autres rapports qui existent entre le Papien et la loi des Bourguignons, en ce qui concerne l'ordre des matières et les dispositions ou le contenu de chacun d'eux ; et, à ce sujet, revient la question de savoir si c'est le premier qui a emprunté à la seconde, ou si c'est la seconde qui a emprunté au premier.

III. Quant à l'ordre des matières, l'accord entre les deux recueils bourguignon et romain n'est pas douteux ; mais cet accord a-t-il existé entre les textes anciens, comme il existe entre les textes révisés ? Pour le Papien, nous ne possédons, on le sait, du texte ancien, que huit titres (les XXIX, XXX, XXXI, XXXII, XXXIII, XXXIV, XXXV et XXXVI), plus un fragment de titre (du XXVIIIe), et ces titres n'ont pas de numéros. Cependant, en comparant ces restes du texte ancien avec les textes révisés, on reconnaît qu'il y a conformité entre l'ordre suivi pour les pre-

qui s'accordaient parfaitement avec le contenu des titres du Papien, tandis qu'elles n'avaient aucun rapport, ou qu'un rapport éloigné, avec le contenu des titres correspondants de la loi des Bourguignons, d'où nous avons conclu qu'elles appartenaient et avaient dû être empruntées au Papien. Telles sont les rubriques des titres XI, XXVI, XXIX, XXXI, empruntées au Papien, et qu'on retrouve en tête des titres XV, LI, LXXIII, LXXIX de la loi des Bourguignons. — Nous avons aussi trouvé des rubriques qui convenaient mieux aux titres de la loi des Bourguignons, et qui dès lors ont dû être empruntées à cette dernière par le Papien : telles les rubriques des titres XIX, XXIV, XXX, XXXII, mises en tête des titres XIV, XVI, XIX, XX du Papien. Nous n'indiquons ici que celles de ces rubriques dont l'attribution nous paraît pouvoir être faite, presque avec certitude, à l'un ou à l'autre recueil.

miers et l'ordre adopté dans le manuscrit d'Ottobon [1]. Pour les
titres qui manquent dans le plus ancien texte, vingt-six des premiers et les onze derniers, on peut donc en général, et sauf les
exceptions, s'en rapporter au texte d'Ottobon. — Pour le recueil
bourguignon, ou plutôt pour la partie ancienne de la loi des
Bourguignons, rien n'indique qu'un changement ait été fait dans
la disposition des titres, du IIᵉ au XLIᵉ compris. — Cela posé, il
est facile de reconnaître que les vingt-un premiers titres du Papien concordent parfaitement avec les quarante-un premiers titres
de l'ancienne loi des Bourguignons, à l'exception de vingt titres de
cette dernière qu'on ne trouve pas dans le Papien, par les raisons que nous avons déjà indiquées. Comme la loi des Bourguignons est plus ancienne, dans cette partie, que le Papien, c'est
le Papien qui a suivi l'ordre adopté dans cette loi, en négligeant
certains titres.

Mais une objection se présente contre cette opinion, assez pro
bable, et elle est tirée de ce que le titre Iᵉʳ du Papien n'avait
pas de titre correspondant dans l'ancienne loi des Bourguignons.
Nous avons déjà prouvé, en effet, que le titre Iᵉʳ du recueil actuel, *De libertate donandi patribus attributa et de muneribus regiis*,
ne faisait pas partie de la *prior lex* [2]. Or, il peut paraître étrange
que le rédacteur du Papien qui, on doit le supposer, voulait
suivre, autant que possible, l'ordre des titres de la loi de Gondebaud, ait précisément mis en tête de son recueil un titre qui
n'avait pas d'analogue dans cette loi, au lieu de commencer,
comme cette dernière, par le titre *De homicidiis*. On ne peut expliquer ce désaccord en supposant que l'auteur de l'ancienne loi
des Bourguignons aurait suivi l'ordre des titres du Papien ; car,
sans parler des preuves de l'antériorité de cette loi, on serait toujours à se demander pourquoi, s'il voulait suivre l'ordre des titres
du Papien, le rédacteur du recueil bourguignon aurait omis le
titre I. Cette objection paraît insoluble, à moins qu'on ne suppose
que le titre I n'existait pas dans l'ancien texte du Papien, ou bien

[1] Outre l'ordre suivi dans les huit titres du texte ancien, on peut invoquer
encore ces mots qu'on trouve dans l'un d'eux : « De servitutibus verò supe-
« riore titulo comprehensum quid qualiter judices debeant observare. » Ce
qui indique que dans ce texte, comme dans celui d'Ottobon, le titre qui a
pour rubrique *De clausis itineribus, vel aliis servitutibus*, était placé avant
celui qui a pour rubrique *De præscriptione temporum*.

[2] V. suprà, p. 582.

que le Papien n'ayant été rédigé qu'après que le titre I eut été ajouté à l'ancienne loi des Bourguignons, et, par suite, après la dernière rédaction du recueil des lois bourguignonnes, le rédacteur dut commencer par un titre analogue.

De ces deux hypothèses, la première est seule admissible, le Papien étant certainement, nous l'avons déjà prouvé et nous le prouverons bientôt encore, antérieur pour sa rédaction au recueil des lois bourguignonnes dans son état actuel. Les deux recueils de droit bourguignon et romain concordaient donc parfaitement dans leurs anciens textes pour l'ordre des matières ou des titres, celui-ci ayant suivi celui-là. Ils ne concordèrent pas moins dans leurs textes nouveaux.

C'est pour les faire concorder, en effet, qu'un titre ayant été ajouté à l'ancienne loi des Bourguignons et placé le premier, on ajouta un titre analogue au Papien, et on le plaça également le premier.

Mais le recueil des lois bourguignonnes ne comprend pas seulement le titre premier et la *prior lex*, il se compose en outre d'un assez grand nombre de constitutions formant les titres XLII à LXXXIX, plus les suppléments, et le Papien, outre les vingt-un premiers titres qui concordent avec la partie ancienne, en compte vingt-six autres; de ces vingt-six titres, quinze correspondent à des titres analogues de la deuxième partie des lois bourguignonnes. Y a-t-il eu pour cette partie emprunt fait au recueil bourguignon ou bien au recueil romain? Il importe d'abord de remarquer que des quinze titres du Papien, neuf tout au moins et probablement tous les quinze, appartiennent à l'ancien texte du Papien, tandis qu'il est assez difficile d'affirmer que quelqu'une des constitutions formant la deuxième partie du recueil bourguignon fît partie de l'ancienne loi. Si le Papien a été composé après la première partie, l'ancienne loi, et avant la seconde, il a pu emprunter l'ordre des matières de l'une: mais pour les titres qui n'avaient pas d'analogues dans l'ancienne loi, il a dû avoir un ordre propre et qui a pu lui être emprunté à son tour par l'autre, c'est-à-dire par la seconde partie. Cela était d'autant plus facile, que les titres de cette partie ne formaient pas un tout homogène et méthodiquement ordonné, mais étaient autant de constitutions ou de pièces détachées, d'époques et d'auteurs différents, qui pouvaient être dès lors mises à la place qu'il convenait au rédacteur de leur donner. Il ne faut pas croire d'ailleurs que l'ordre du Papien, s'il lui a été emprunté, ait été rigoureusement suivi dans la disposition des constitutions. On s'est contenté d'intercaler, dans la deuxième partie, à peu près à la place qu'ils occupent dans le Papien, les titres qui, par leur contenu, avaient quelque rapport avec ce dernier. C'est ainsi que des titres postérieurs en date furent placés avant des titres qui leur étaient antérieurs. Tels sont par exemple les titres XLIII et LII ; le premier, qui a pour rubrique *De donationibus*, et correspond au titre XXII du Papien, et qui est postérieur au titre LX, *De adhibendis donationum testimoniis* ; le second, qui n'est autre chose qu'une constitution particulière de Sigismond, de l'an 517, et qui, sous la rubrique *De mulieribus desponsatis quæ ad aliorum consortium libidine instigante transierint*, correspond au titre XXVII du Papien, *De puellis vel mulieribus desponsatis*, et est postérieur à toutes les constitutions de Gondebaud qu'on trouve dans cette partie à partir du titre LIII. Mais en intercalant ainsi des titres dans d'autres, on ne suivit pas toujours exactement l'ordre du Papien, et l'on plaça quelquefois avant ce qui devait être placé après.

Si l'on repousse nos conjectures, et si l'on n'admet pas que, dans la deuxième partie des lois bourguignonnes, on ait eu en vue l'ordre des titres du Papien, il est impossible de comprendre les motifs qui ont engagé les rédacteurs de ces lois à disposer les titres contrairement à l'ordre chronologique et à les placer là où rien n'indiquait leur place. Si l'on admet, au contraire, nos conjectures, il faut reconnaître alors que, par l'ordre des matières, la composition du Papien se place entre celle de la première partie et celle de la deuxième, et, par conséquent, antérieurement à 517, date de cette dernière.

IV. Parmi les indications qui nous ont servi à fixer la patrie de notre recueil, nous en avons emprunté quelques-unes aux dispositions semblables qu'on trouve dans le Papien et dans la loi des Bourguignons. Ces dispositions pouvant fournir quelque argument pour la question de la date, dont nous nous occupons en ce moment, nous devons faire connaître et expliquer celles qui pourraient être contraires ou favorables à notre opinion.

La première de ces dispositions que nous ayons à examiner est sans contredit celle du titre II du Papien, qui commence par ces mots : *Et quia de pretiis occisorum...* Dans ce titre l'auteur du Papien prévoit d'abord deux cas d'homicide, celui d'homicide volontaire, qui est puni de mort, que le meurtrier soit ingénu ou esclave, celui d'homicide accidentel, pour la punition duquel on doit se référer à la décision du prince. Mais si le meurtre est volontaire, et si le meurtrier est un esclave, et qu'il se réfugie dans une église, comme on ne peut arracher de l'église un criminel sans armes, il obtient la vie sauve ; mais il devient esclave pour celui qu'il a tué. Si le meurtrier est un ingénu et qu'il se réfugie dans l'église, dans ce cas on doit attendre la décision du prince. Viennent ensuite les mots que nous avons cités et par lesquels l'auteur du Papien déclare que comme la loi romaine n'a rien prévu relativement aux prix des meurtres : Notre roi a décidé que si un ingénu se rend coupable du meurtre d'un ingénu et se réfugie dans l'église, il doit être adjugé comme esclave avec la moitié de ses biens aux héritiers de la victime, l'autre moitié restant à ses propres héritiers ; que si un ingénu se rend coupable du meurtre d'un esclave et qu'il se réfugie dans une église, il devra payer au maître une somme fixée selon la qualité de l'esclave : « Hoc est (continue le texte) pro actore C sol., pro ministeriali LX, « pro aratore, aut porcario, aut virvicario, aut aliis servis XXX, « pro aurifice electo C, pro fabro ferrario L, pro carpentario XL , « inferantur. Hoc ex præcepto domini regis convenit observari. »

Ces dispositions, qui sont indiquées dans ce titre comme applicables aux Romains en vertu d'une ordonnance spéciale du roi, *ex præcepto domini nostri, domini regis,* sont empruntées au titre X, *De interfectione servorum,* et au titre L, *De occisis actoribus tám regiæ domus quàm privatorum,* des lois bourguignonnes. Que le Papien ait emprunté quelque disposition à l'ancienne loi des Bourguignons, qui comprend le titre X, cela n'a rien de contraire à l'opinion que nous avons émise relativement à la date du Papien ; mais on ne saurait en dire autant de l'emprunt fait au titre L. Ce titre appartient, en effet, à la deuxième partie des lois bourguignonnes, et il y est question de lois antérieures ; il semblerait donc qu'on peut en conclure que le Papien est postérieur à la composition de cette deuxième partie, et, par suite, à l'an 517.

En supposant même que le Papien eût emprunté cette disposition au titre L, on pourrait bien en conclure qu'il est postérieur

au titre L, mais non à la deuxième partie des lois bourguignonnes
tout entière, cette partie étant composée, nous le savons, de constitutions de différents auteurs et de différentes époques, et dont
plusieurs sont bien antérieures à l'an 517. Or, si le Papien est
postérieur au titre L, quelle est la date ou tout au moins quel est
l'auteur de ce titre? C'est ce qu'il est à peu près impossible de
déterminer, et il faudrait prouver, pour détruire nos arguments,
que cette constitution est de Sigismond. Le prouvât-on, d'ailleurs, on ne pourrait encore en tirer aucun argument contre la
date que nous avons fixée pour notre recueil. Il est bien vrai,
en effet, que la disposition qui veut que le meurtre d'un *actor*
soit payé 100 sous d'or est empruntée au titre L, mais l'emprunt
n'a pas été fait par le Papien. Le passage que nous avons cité,
commençant par ces mots *Et quia*, a été ajouté au texte primitif
et ne prouve rien contre ce dernier.

Pour prouver cette addition, il suffit de lire le passage et de
le comparer à ce qui le précède; lorsqu'un meurtrier s'est réfugié dans une église, le Papien veut qu'on attende la décision du
prince, *principis est expectanda sententia*. Le sens du titre jusqu'ici
est complet et parfaitement clair. Puisque c'est le prince qui doit
décider, on n'a pas besoin d'autre règle. Mais vient la suite qui,
d'après l'ordonnance du roi, fixe la peine à infliger au meurtrier
dans ce cas, peine qui doit être appliquée par les juges. A quoi
bon alors attendre la décision du prince? Ou si l'on attend la
décision du prince, à quoi bon la peine? Ces deux modes de règlement s'excluent l'un l'autre; et, comme le premier, c'est-à-
dire attendre la décision du prince, était tout à fait dans les principes du droit romain de cette époque et faisait partie du Papien,
le second ne pouvait pas faire partie du même recueil et a dû
être ajouté. Les mots eux-mêmes par lesquels commence cette
suite indiquent suffisamment une addition : *Et quia de pretiis occisorum...* Cela ne se lie nullement à ce qui précède, au contraire.
Pour qu'on ne s'y trompe pas, d'ailleurs, l'auteur de l'addition,
après avoir dit en commençant que cela est ainsi réglé, *ex præcepto domini nostri*, a soin d'ajouter à la fin : *hoc ex præcepto domini regis convenit observari.*

La preuve qu'il y a addition faite après coup résulte encore
de la comparaison de notre titre II avec le titre IV du même
recueil, le premier interposé ou remanié, le second qui ne l'est

pas. Il s'agit, dans ce dernier, qui a pour rubrique *De sollicitationibus et furtis*, du vol et de la vente d'un ingénu ou d'un esclave, crime puni de mort par le droit romain [1]. Le Papien prévoit le cas où le coupable se réfugie dans une église, et il porte que, dans ce cas, on doit, pour la satisfaction à donner au maître de l'esclave ou aux parents de l'ingénu, attendre la décision du prince : *Quòd si ad ecclesiam reus confugerit, quid domino aut parentibus pro facti ipsius crimine satisfieri debeat, principis est expectanda sententia.*

Rien de plus n'est ajouté, parce qu'il n'y avait en effet rien à ajouter. Et cependant, dans ce cas, comme dans le cas de meurtre, on eût bien pu régler la satisfaction à donner aux parents de l'ingénu ou au maître de l'esclave : pourquoi ne l'a-t-on pas fait? Parce que c'était inutile, et parce que c'était contraire à l'esprit du droit romain que reproduisait le Papien. Or, comme on n'a pas eu plus de raison pour le faire dans le titre II, il faut en conclure que ce règlement n'a pas plus eu lieu dans un cas que dans l'autre, qu'il n'est pas l'œuvre de l'auteur du Papien, et a été ajouté après coup.

Ce règlement de la composition à payer pour le vol existe pourtant, lorsque le coupable s'est réfugié dans une église, aussi bien que pour le meurtre, mais c'est dans les lois des Bourguignons et non dans le Papien. Le titre LXX (*De furtis*) de ces lois porte, en effet : « De his verò causis undè hominem mori jussimus, si in « ecclesiam fugerit, redimat se secundùm formam pretii con- « stituti, ab eo, cui furtum fecit, et inferat mulctæ nomine soli- « dos XII. » Or, ces vols, pour lesquels un homme est puni de mort, sont, d'après le titre IV, les vols d'esclaves, de chevaux, de juments, de bœufs et de vaches, et le prix fixé est de 35 sous d'or pour l'esclave, de 10 pour un bon cheval, de 6 pour un de médiocre valeur, de 3 pour une jument, de 2 pour un bœuf, de 1 pour une vache. Mais, s'il y a règlement de composition dans ce titre, ce qui convenait parfaitement au droit bourguignon, il n'y est nullement question d'attendre la décision du prince, comme dans le Papien. Tant il est vrai que ces deux modes de règlement s'excluaient l'un l'autre, et qu'ils n'ont pu être réunis,

---

[1] V. L. 7 et l. 16, Cod. *Ad legem Fabiam de plagiariis* (IX, 20). Cette dernière loi est une constitution de Constantin, citée dans le texte du Papien, mais qui manque dans la loi romaine des Wisigoths.

dans le Papien, que par une addition faite après coup au texte
du titre II.

L'addition étant ainsi prouvée, on ne peut rien conclure du
passage du titre II, sinon que cette addition a été faite posté-
rieurement aux dispositions des titres X et L, et peut-être à la
révision des lois bourguignonnes ; et notre opinion, en ce qui
concerne l'antériorité du Papien, reste entière.

Nous ne nous arrêterons pas à discuter ici toutes les dispositions de la loi des Bourguignons qui ont quelque rapport avec
celles du Papien et que nous avons déjà signalées. Nous laisserons
de côté celles qui appartiennent à la partie ancienne : à quoi bon
les discuter ? Nous croyons que le Papien est postérieur en date
à cette partie. Un emprunt, fût-il démontré, ne prouverait rien
dès lors contre notre opinion ; mais il n'en est pas de même pour
les dispositions appartenant à la deuxième partie, et nous ne
saurions les passer sous silence.

Les titres XLIII, 1, et LX, 1, nous paraissent avoir emprunté
les nombres cinq et sept pour les témoins, à raison de leur disposition, au Papien, titre XLV, nous nous en sommes déjà occu-
pés, nous n'y reviendrons pas[1].

Dans la loi des Bourguignons, titre LXVIII, 1, et dans le Papien,
titre XXV, ceux qui sont surpris en flagrant délit d'adultère
peuvent être mis à mort. Le Papien donne ce droit au mari conformément à une novelle de Majorien, *secundùm novellam Ma-
joriani, quæ exindè ad jus vetus cuncta revocavit.* Que cette
novelle soit celle que nous possédons, ou une autre qui aurait
été perdue[2], il résulte toujours de notre titre que le Papien a

_____

[1] V. *suprà*, p. 519.

[2] Les auteurs ne sont pas d'accord sur ce point. Schultingius pense, dans
ses notes sur notre titre, que la novelle que cite le Papien est perdue.
Barkow, sur ce titre, et Hænel, *Novellæ constitutiones*, etc., sur le
tit. IX des novelles de Majorien ; croient reconnaître la novelle indiquée,
dans ce titre IX, qui est une constitution de 459 où l'on trouve ces mots :
« Undè, Rogatione carissime, poveris *ad rigorem veteris disciplinæ* hanc
« perennitatem nostram adjecisse mensuram....., » mots auxquels fait allusion le Papien, en disant : « Quæ exindè ad jus vetus cuncta revocavit. »
Mais le mari pouvait-il ainsi tuer sa femme, surprise en flagrant délit d'a-
dultère, d'après cet ancien droit ? Le droit du mari n'était pas aussi certain
que celui du père ; cependant, Paul semble l'accorder aussi au mari. V.
Paul, *Sent.* II, 26, spécialement, § 7, et *Collatio legum Mosaicarum et Ro-*

voulu se conformer à ses dispositions, et par suite, qu'il n'a pas voulu emprunter les dispositions de la loi des Bourguignons. L'emprunt, s'il y a emprunt, aurait plutôt été fait par cette dernière au Papien. Le titre LXVIII, après avoir déclaré, en effet, d'une manière générale : « Si adulterantes inventi fuerint, et vir « ille occidatur et femina, » suppose, dans le deuxième alinéa, que c'est le mari qui a le droit de tuer, conformément au Papien.

Mais les titres des lois bourguignonnes et du Papien qui ont le plus de ressemblance sont incontestablement les titres LXXXIII L. B. (*De his qui apud alios res suas agnoscunt*), et XXXIV Pap. (*De rebus agnitis*). D'après les dispositions de ces titres, celui qui reconnaît sa chose a le droit de s'en emparer, à moins, dit la loi des Bourguignons, qu'on ne lui donne un bon fidéjusseur; « Quicum- « que res, aut mancipium, aut quodlibet suum agnoscit à pos- « sidente aut fidejussorem idoneum accipiat, aut si non acceperit, « res quas agnoscit præsumendi habeat potestatem. »—« Qui res « proprias agnoscit (dit à son tour le Papien), nec est qui ei de « manu tollat aut aliquid causationis opponat, res suas præsu- « mendi habeat liberam potestatem. » C'est-à-dire que celui qui reconnaît sa chose a le droit de s'en emparer, à moins qu'on ne la lui enlève de la main, ou qu'on ne lui oppose quelque droit pour la retenir.

Quoique semblables par le droit qu'elles donnent au propriétaire, les deux dispositions ne sont pas identiques. Le Papien n'accorde, en effet, au propriétaire le pouvoir de s'emparer de sa chose qu'autant que son droit n'est pas contesté, qu'autant qu'on n'oppose aucun droit au sien. Si, en effet, un tiers prétend que cette chose dont on veut s'emparer lui appartient, ou du moins est en sa possession, soit pour son propre compte, soit pour le compte d'autrui, il ne peut en être dépossédé en vertu de notre titre; il y a lieu, dans ce cas, à la revendication[1]. En restreignant ainsi le droit de s'emparer de sa chose que l'on reconnaît, au cas où il n'y a pas contestation du droit du propriétaire, l'auteur du Papien n'accordait rien de contraire au droit romain, il ne reproduisait pas non plus les dispositions des lois

manarum, III. IV. V; aussi l. 21, 22, 23, 24, D. *Ad legem Juliam de adulteriis* (XLVIII, 5).

[1] V. L. 9, D. *De rei vindicatione* (VI, 1).

bourguignonnes de telle sorte qu'on puisse affirmer qu'il leur a
emprunté notre titre.

Mais les lois des Bourguignons et le Papien ne se contentent
pas d'accorder au propriétaire qui reconnaît sa chose le droit de
s'en emparer, ils prévoient aussi le cas où un individu abuse
de cette faculté en s'emparant de ce qui ne lui appartient pas,
et la peine dont ils le frappent est, d'après le titre LXXXIII des
lois bourguignonnes, la restitution de la chose qu'il a indûment
prise et le payement en outre d'une chose semblable : « Si verò
« falsus fuerit in agnoscendo, rem quam malè agnovit et
« aliud tantum cogatur exsolvere. » D'après le titre XXXIV du
Papien, il est condamné au payement du double : « Quas si
« postmodùm male aut agnovisse aut præsumpsisse convincitur,
« res malè præsumptas duplò satisfactione restituat. » En vertu
de quelle loi romaine ou de quelle disposition du droit romain
est prononcée cette peine ? L'auteur du Papien ne le dit pas, et il
serait assez difficile de l'indiquer : n'est-ce pas la loi Aquilia qu'il
aurait voulu appliquer faussement dans ce cas, comme dans
plusieurs autres titres, où il n'en fait pas une plus heureuse
application ?

Enfin, le titre LXXXIII se termine par une disposition qui ne
se trouve pas dans le Papien ; il s'agit du cas où un esclave a
faussement reconnu la chose, il doit être fustigé selon la valeur
de la chose prétendue reconnue : « Si servus malè agnovit, pro
« qualitate rei agnitæ, fustigetur. » De l'omission de cette disposition, et des autres différences que nous avons signalées entre le
Papien et la loi des Bourguignons, il est permis de conclure que
notre recueil n'a pas reproduit les dispositions de cette dernière,
malgré l'analogie qui existe entre les deux titres. En comparant
même ces deux titres l'un à l'autre, on peut reconnaître à leur
rédaction différente que le titre LXXXIII des lois bourguignonnes
a été rédigé après le titre XXXIV du Papien ; son texte est à la fois
plus complet et plus correct.

Après ces titres, nous examinerons encore deux autres titres dont
nous avons déjà indiqué la ressemblance : le titre LXXXV, § 1,
de la loi des Bourguignons, et le titre XXXVI du Papien. Dans
l'un et dans l'autre, la mère, si elle veut s'en charger, doit être
préférée pour la tutelle de ses enfants mineurs à tous autres parents : « Si mater tutelam suscipere voluerit (dit la loi des Bour-

« guignons[1], nulla ei parentela præponatur. » Après avoir dit que les tuteurs légitimes sont les agnats, et avoir indiqué comme tels les frères, les oncles paternels, les grands-oncles paternels et leurs enfants, le Papien ajoute : « Quibus omninò mater tutelam « si suscipere voluerit licitum, et præponitur[1]. » Inutile de faire ressortir la ressemblance des deux dispositions : mais quelle est celle qui a été empruntée à l'autre ? Le droit de la mère d'être chargée de la tutelle de ses enfants et d'être préférée à tous les parents ne vient assurément pas du droit germanique, il est évidemment d'origine romaine, et est conforme, au moins en certains points, à la législation de l'empire d'Occident au moment de sa chute, mais il ne l'est pas entièrement.

En vertu d'une constitution de Valentinien, Théodose et Arcadius, les mères pouvaient, en effet, après la mort de leurs maris, être chargées de la tutelle de leurs enfants, mais à la condition qu'elles s'obligeraient à ne pas convoler à de secondes noces, et alors seulement qu'il n'y avait ni tuteur testamentaire ni tuteur légitime[2]. Le Papien et la loi des Bourguignons ne parlent pas du tuteur testamentaire ; mais, contrairement à la constitution ci-dessus, ils appellent la mère par préférence aux agnats. On ne peut supposer que cette préférence accordée à la mère ait été empruntée à la loi romaine des Wisigoths, car cette loi reproduit le texte de la constitution de Valentinien, et en donne l'interprétation, sans changer ses dispositions[3]. Ce droit étant donc propre

[1] Je suis le texte du Vatican donné par A. Mai, lequel est bien préférable à celui donné par Barkow. Ce dernier porte : « Quibus omnibus mater si tutelam suscipere voluerit, licitè et jure præponetur. »

[2] Le texte de cette constitution se trouve à la fois et dans le Code Théodosien, liv. III, t. XVII, l. 4, et dans le Code de Justinien, liv. V, t. XXXV, l. 2, avec quelques légères différences : « His illud (porte cette constitu- « tion), § 5, adjungimus, ut mulier si ætate major est, tum demùm petendæ « tutelæ jus habeat, cùm tutor legitimus defuerit, vel privilegio à tutelâ « excusetur..... » Dans le texte du Code de Justinien, les mots : « Cùm « tutor, » sont suivis de ceux-ci : « vel testamentarius vel legitimus. »

[3] L'interprétation de la loi romaine des Wisigoths n'est pas sur ce point aussi claire que le texte. Toutefois, il est possible de comprendre, en la rapprochant de ce dernier, que la mère n'est appelée à la tutelle de ses enfants qu'après les agnats. « Nam (dit l'*Interpretatio*, en parlant de ceux « *qui cum lege veniunt ad tutelam*, c'est-à-dire des tuteurs légitimes), si de- « fuerint personæ quas diximus, et mater tutelam suscipere voluerit, tunc, « sicut priùs constitutum est, electio judicis vel provincialium tutores mino-

aux deux recueils bourguignons, reste à savoir lequel des deux l'a emprunté à l'autre. L'emprunt n'est pas douteux, les expressions aussi bien que la disposition sont les mêmes. Or, si la source du droit accordé à la mère d'obtenir la tutelle de ses enfants est romaine, la faveur plus grande qui lui est accordée d'être préférée aux agnats nous paraît avoir la même origine, elle est entièrement dans l'esprit du Papien et des réformes de cette époque, toutes favorables aux mères.

Les dispositions du Papien et de la loi des Bourguignons qui ont le plus de ressemblance ne prouvent donc pas un emprunt fait par le premier à cette dernière, et elles ne prouvent pas conséquemment qu'il soit postérieur en date, au contraire : nous pouvons dès lors, après cet examen, un peu long sans doute, mais nécessaire, des divers éléments qui nous étaient fournis par la discussion, maintenir la date que nous avons déjà fixée pour la composition de notre recueil, entre les années 501 et 517, et même à une époque assez rapprochée de l'an 501.

Il nous reste toutefois à parler d'un document récemment publié par M. Pardessus, et dont on a voulu se servir pour prouver que le Papien n'a pas été composé avant l'an 517[1]. Ce document est l'édit de Sigismond que nous avons déjà mentionné, et qui date probablement de la deuxième année du règne de ce prince (du VIIIe jour des ides de mars, sous le consulat d'Agapetus)[2]. Rendu à la requête de Gemellus, évêque de Vaison, l'édit avait pour objet de fixer les droits de ceux qui avaient recueilli les enfants exposés. Deux constitutions, l'une de Constantin, l'autre d'Honorius et Théodose, avaient déjà réglé ces droits, et elles avaient été conservées dans le Bréviaire d'Alaric, où elles sont suivies d'une interprétation[3] ; mais le Papien ne contient aucune disposition relative aux enfants exposés et à ceux qui les recueillent. Sans doute, les deux constitutions que nous venons de mentionner avaient dû avoir force de loi dans les provinces

« ribus deputabit. » Ce qui indiquerait que les agnats sont appelés avant la mère, qu'à leur défaut, la mère peut se charger de la tutelle, et qu'à son refus, il y a lieu de recourir à la nomination d'un tuteur. V. *Lex Romana Wisigothorum*, III. 17, 4, *Interpretatio*, Hænel ; p. 97 et 98.

[1] V. *Journal des savants*, année 1839, p. 392.

[2] V. *suprà*, p. 567, note 1.

[3] *Cod. Theod.*, lib. V, tit. VII, et *Lex Romana Wisigothorum*, ibid. Hænel, p. 116.

occupées par les Bourguignons, et devaient même y avoir conservé leur autorité depuis cette occupation ; mais cette autorité était faible, et n'était pas toujours reconnue ni respectée ; elle avait besoin d'être consacrée officiellement par les rois bourguignons. C'est ce que fit Sigismond en décidant que même pour des affaires de cette nature, c'est-à-dire pour les droits de ceux qui auraient recueilli des enfants exposés, et lorsque la contestation s'élèverait entre des Romains, on appliquerait les dispositions de la loi romaine : « Ut inter Romanos etiam de hoc ne- « gotio lege Romanorum ordo servetur. »

Que conclure de cet édit et de ses dispositions? que le Papien est postérieur? On pourrait tirer, sans doute, cette conclusion, si le Papien contenait quelque disposition relative aux enfants exposés; ces dispositions eussent, en effet, fait cesser les incertitudes que l'édit avait pour objet de dissiper, et cet édit eût été inutile. Mais le Papien ne faisant pas même mention des enfants exposés et de ceux qui les recueillent, on doit tirer de son silence l'argument contraire à celui que l'on eût pu tirer de ses dispositions sur cette matière. L'édit a dû combler sur ce point la lacune laissée dans la loi romaine des Bourguignons; donc il est postérieur en date à cette dernière; s'il était antérieur, comment expliquer d'ailleurs le silence du Papien? son auteur devait connaître l'édit de Sigismond, et son incurie n'est pas telle qu'on l'a prétendu pour expliquer une omission de sa part.

Mais si l'édit de Sigismond ne prouve pas que le Papien lui soit postérieur en date, et, par suite, ait été composé après l'an 517, ne peut-on pas au moins conclure des emprunts faits à la loi romaine des Wisigoths que le Papien a été composé après l'an 506, date de la promulgation du Bréviaire d'Alaric? Pour cela, il faut prouver d'abord que des emprunts ont été faits par le Papien au Bréviaire, et, ces emprunts prouvés, il faut démontrer qu'ils ont été faits lors de la composition du Papien et non à l'époque de sa révision. Nous examinerons bientôt cette double question en nous occupant des sources du Papien.

Pour le moment, nous nous bornerons à constater qu'une révision du texte primitif du Papien a eu lieu, et que cette révision a été faite en même temps que celle de la loi des Bourguignons, probablement la deuxième année du règne de Sigismond, c'est ce que prouvent les emprunts faits au Papien par la loi des Bourguignons, et à cette dernière par le Papien[1]. C'est ce que prouveraient encore les emprunts faits au Bréviaire d'Alaric, si l'on admettait qu'il y a eu en effet de tels emprunts. Le texte qui représente cette première révision du Papien est celui du manuscrit d'Ottobon[2].

Une deuxième révision nous est attestée encore par les textes de la troisième classe, mais il est difficile d'en fixer la date. Enfin, le fragment du manuscrit de Murbach, publié[3] par Sichard, indique un remaniement partiel ou total du Papien qui aurait eu lieu sous le règne de Théodoric II, fils de Childebert II, roi de Bourgogne et d'Austrasie, et roi lui-même de Bourgogne, c'est-à-dire dans les premières années du septième siècle, avant l'an 612.

[1] V. suprà, p. 571, et note 2
[2] V. suprà, pages 513 et 514.
[3] V. suprà, p. 514 et 516.

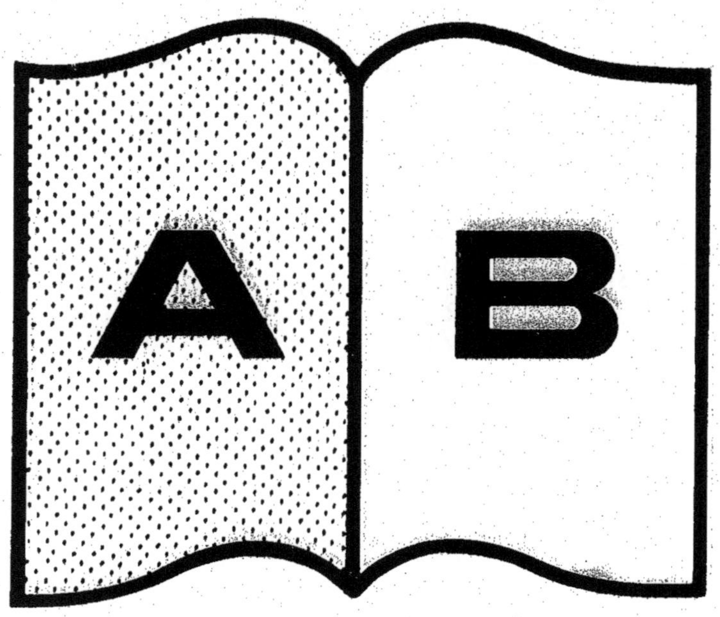

Contraste insuffisant

NF Z 43-120-14

www.ingramcontent.com/pod-product-compliance
Ingram Content Group UK Ltd.
Pitfield, Milton Keynes, MK11 3LW, UK
UKHW021120140726
13695UKWH00004B/1603